Philosophie des Rechts

HEGELIANA
Studien und Quellen zu Hegel
und zum Hegelianismus

Herausgegeben von Helmut Schneider

Band 11

PETER LANG
Frankfurt am Main · Berlin · Bern · Bruxelles · New York · Wien

G. W. F. Hegel

Philosophie des Rechts

Nachschrift der Vorlesung
von 1822/23
von Karl Wilhelm Ludwig Heyse

Herausgegeben und eingeleitet
von Erich Schilbach

PETER LANG
Europäischer Verlag der Wissenschaften

Die Deutsche Bibliothek - CIP-Einheitsaufnahme

Hegel, Georg Wilhelm Friedrich

Philosophie des Rechts / Nachsch. der Vorlesung von 1822/23
von Karl Wilhelm Ludwig Heyse. Hrsg. und eingeleitet von
Erich Schilbach. - Frankfurt am Main ; Berlin ; Bern ; Bruxelles ;
New York ; Wien : Lang, 1999
(Hegeliana ; Bd. 11)
ISBN 3-631-34947-5

Gedruckt auf alterungsbeständigem,
säurefreiem Papier.

ISSN 0939-7779
ISBN 3-631-34947-5
© Peter Lang GmbH
Europäischer Verlag der Wissenschaften
Frankfurt am Main 1999
Alle Rechte vorbehalten.

Das Werk einschließlich aller seiner Teile ist urheberrechtlich
geschützt. Jede Verwertung außerhalb der engen Grenzen des
Urheberrechtsgesetzes ist ohne Zustimmung des Verlages
unzulässig und strafbar. Das gilt insbesondere für
Vervielfältigungen, Übersetzungen, Mikroverfilmungen und die
Einspeicherung und Verarbeitung in elektronischen Systemen.

Printed in Germany 1 2 4 5 6 7

Vorwort

Die *Grundlinien der Philosophie des Rechts* gehören zu den bedeutenden Werken Hegels. Deshalb sind Texte, die die Kenntnis über Hegels Vorstellungen zur Rechts- und Staatsphilosophie zu erweitern vermögen, von besonderem Interesse. In den siebziger und achtziger Jahren wurden in mustergültigen Editionen die bereits bekannten, aber auch die kurz nacheinander neu aufgetauchten Mit- und Nachschriften der Schüler Hegels zu Vorlesungen über Rechtsphilosophie publiziert. Der hier veröffentlichte Text ist ebenfalls eine Vorlesungsnachschrift und gelangte vor einiger Zeit in den Besitz des Herausgebers, befindet sich jetzt aber als Neuerwerbung in der Staatsbibliothek zu Berlin - Preußischer Kulturbesitz. Sie reicht zwar nicht an die Bedeutung etwa der Vorlesungsnachschriften Hothos oder von Griesheims heran, vermag diese aber zu ergänzen und bringt Äußerungen Hegels, die so bisher noch nicht überliefert waren.

Der Herausgeber ist Herrn Dr. Helmut Schneider vom Hegel-Archiv der Ruhr-Universität Bochum für Unterstützung und Aufnahme dieser Arbeit in die Reihe „Hegeliana" sehr zu Dank verpflichtet. Nicht minderer Dank gebührt Herrn Dr. Peter Jörg Becker, dem Bibliotheksdirektor der Staatsbibliothek zu Berlin – Preußischer Kulturbesitz, für die Identifizierung des Verfassers des hier publizierten Textes Karl Wilhelm Ludwig Heyse.

Schnaitsee, im Sommer 1999

Erich Schilbach

Inhaltsverzeichnis

Einleitung   IX

Abkürzungen   XXIV

Heyses Nachschrift: Text   3

Einleitung

Entwicklung der Rechtsphilosophie Hegels in Berlin

Die gedruckte Fassung von Hegels *Rechtsphilosophie* wurde am 25. Juni 1820 im Manuskript fertiggestellt und erschien im Oktober desselben Jahres (im Impressum ist als Erscheinungsjahr freilich 1821 angegeben). Sie war als „Grundriß" „zum Gebrauch für seine Vorlesungen" über „Naturrecht und Staatswissenschaft" gedacht und bedurfte damit der ausführlicheren Behandlung in den Vorlesungen.[1] Hegel hatte Vorlesungen zu diesem Thema vor Erscheinen des Buches in den Wintersemestern 1817/18 in Heidelberg und 1818/19 und 1819/20 in Berlin und nach Erscheinen 1821/22, 1822/23, 1824/25 und 1831 ebenfalls in Berlin gehalten. Die Vorlesung für das Wintersemester 1831/32 wurde nach nur zwei Vorlesungsstunden durch den Tod Hegels am 14. November 1831 abgebrochen.

Unter dem Eindruck der Karlsbader Beschlüsse, dem daraufhin am 18. Oktober 1819 erlassenen Zensuredikt und den einsetzenden Demagogenverfolgungen sah sich Hegel veranlaßt, von manchen früheren politischen Positionen abzurücken und keinen Zweifel daran zu lassen, „daß er selbst nunmehr den größten Wert darauf legte, politisch ins Lager der diese Beschlüsse verwirklichenden Regierung eingeordnet zu werden."[2] Anläßlich der Überreichung seines Buches im Oktober 1820 an den preußischen Staatskanzler Fürst Hardenberg begründete er diesem gegenüber seinen Standpunkt mit der Übereinstimmung seiner politischen Philosophie mit dem, was der preußische Staat unter Hardenberg „teils erhalten, teils noch zu erhalten das Glück hat".[3]

Es ist hier nicht der Ort, die durch die Karlsbader Beschlüsse bedingten restaurativen Auffassungen Hegels in seiner Vorlesung vom Winter-

---

[1] Hegel auf dem Titelblatt der gedruckten Ausgabe. Vgl. hierzu HENRICH, Philosophie 9 und 331.
[2] ILTING, Vorlesungen III 38.
[3] Br II 242; vgl. ILTING, Vorlesungen III 38.

semester 1819/20, von der es die von Dietrich Henrich herausgegebene anonyme Vorlesungsmitschrift gibt, und in der gedruckten Fassung der *Rechtsphilosophie* herauszuarbeiten.[4] Wie sich seine politischen Vorstellungen in der Folgezeit entwickelten, darüber geben gelegentliche Bemerkungen Hegels gegenüber Zeitgenossen und von Zeitgenossen über Hegel, vor allem aber seine späteren Vorlesungen zur Rechtsphilosophie Auskunft.

Hierzu besitzen wir zum einen in einem gedruckten Handexemplar, enthaltend allerdings nur die §§ 1-181, die eigenhändigen Notizen Hegels für die Vorlesungen von 1821/22, 1822/23 und 1824/25 und zum anderen die Vorlesungsnachschriften seiner Schüler Heinrich Gustav Hotho von 1822/23, Karl Gustav Julius von Griesheim von 1824/25 und David Friedrich Strauß von 1831.

Zwei Jahre nach den Karlsbader Beschlüssen hatte eine gewisse politische Entspannung in Preußen stattgefunden. Das führte dazu, daß Hegel es sich in seiner Wintervorlesung 1822/23 erlauben konnte, taktisch bedingte Polemiken seiner *Rechtsphilosophie* von 1821 (1820) gegenüber demokratischen Tendenzen und Verfassungsbestrebungen teilweise wieder zurückzunehmen und stattdessen nun zu versuchen, „durch Argumentation und Eingehen auf die Vorstellungen Andersdenkender zu überzeugen." Dies ergibt jedenfalls ein Vergleich der Vorlesungsnachschrift *Hothos* mit der gedruckten *Rechtsphilosophie*. Die Verfassung erhält nunmehr Vorrang vor dem Monarchen als Hüter der Verfassung. Hegel ist daran interessiert, den Beamtenstand und den auf festen Rechtsgrundsätzen beruhenden Beamtenstaat zu stärken.[5] In einem Brief an Karl Larenz vom 18.1.1984 unterstreicht Karl-Heinz Ilting nachdrücklich den „Einfluß der Zensur auf die veröffentlichte Fassung der ‚Rechtsphilosophie' " und die veränderte Position Hegels in der Folgezeit:

„In Ihrer ‚Methodenlehre' haben Sie ... Hegels Staatsphilosophie als den schwächsten Teil seines Werks bezeichnet. Dies leuchtet mir ein, wenn ich diese Bemerkung, wie es naheliegt, auf die veröffentlichte Fassung beziehe. Ihr staatsrechtlicher Gehalt ist ja in der Tat ziemlich dürftig. Vielleicht würde dieser Teil seines Systems wesentlich befriedigender

---

[4] Vgl. die Einschätzung bei HENRICH, Philosophie 28 f.
[5] ILTING, Vorlesungen III 46-50.

ausgefallen sein, wenn Hegel nicht durch seine Übersiedlung nach Berlin und dann durch die Karlsbader Beschlüsse daran gehindert worden wäre, ihn weiter auszubauen. Der Text der veröffentlichten ‚Rechtsphilosophie' scheint mir jedenfalls die Deutung, Hegel entwickle die Idee einer parlamentarischen Monarchie (Böckenförde), nicht nahezulegen. Daß dies der Grundgedanke seiner Staatsphilosophie war und daß er ihn im Blick auf die französischen Verfassungsdiskussionen in der ersten Phase der Restaurationszeit ausarbeitete, ist m. E. jetzt nicht mehr zu bezweifeln."[6]

Wenn man die Vorlesungsnachschriften seiner Schüler zur Beurteilung der sich verändernden Vorstellungen und Auffassungen Hegels heranzieht, so bleibt vorab zu klären, ob diese den Wortlaut, zumindest aber den Gedankengang ihres Lehrers zutreffend wiedergeben. Im Unterschied zu anderen Vorlesungen Hegels, wo parallele Vorlesungsnachschriften desselben Vorlesungssemesters vorhanden sind, stammen die drei bisher bekannten Nachschriften zur Rechtsphilosophie der Zeit nach 1820 aus unterschiedlichen Vorlesungssemestern, können also nicht ohne weiteres miteinander verglichen werden. *Hothos* Nachschrift von 1822/23 ist unmittelbar während der Vorlesung angefertigt worden. Bei *v. Griesheim* handelt es sich um eine nachträgliche Reinschrift von Vorlesungsnotizen von 1824/25, wobei aus der gedruckten *Rechtsphilosophie* Sätze und Abschnitte zitiert werden.[7] *Strauß* konnte sich wegen des Todes von Hegel nur wenige Notizen über die beiden ersten Vorlesungsstunden vom November 1831 machen.

Ilting hat zwar durch einen detaillierten Vergleich am Beispiel von Nachschriften, darunter auch Nachschriften Hothos und v. Griesheims, und Hegels eigenem Vorlesungsmanuskript zur Vorlesung über Religionsphilosophie vom Sommersemester 1821 gezeigt, daß „Hegel-Vorlesungen, zumindest streckenweise, geradezu wörtlich überliefert sind." „Die wichtigste Divergenz liegt," so Ilting, „in den Auslassungen."[8] Mit diesen Beobachtungen läßt sich der Zweifel an der Zuverlässigkeit der Nachschriften zu Hegels Vorlesungen über Rechtsphilosophie, wie sie Johannes Hoffmeister äußert,[9] letztlich dennoch nicht

---

[6] Brief im Besitz des Herausgebers, jetzt im Hegel-Archiv der Ruhr-Universität Bochum.
[7] ILTING, Vorlesungen III 51; IV 73 f.
[8] Vorlesungen III 76.
[9] Im Vorwort zu seiner Edition XII f.

ausräumen. Dies hat Ilting richtig gesehen.[10] Das Fehlen paralleler Nachschriften zu den Rechtsphilosophie-Vorlesungen aus demselben Semester macht sich eben sehr nachteilig bemerkbar.

Die Nachschrift *Heyses*

Mit der hier veröffentlichten Quelle wird diese Lücke nun zumindest für die Vorlesung des Wintersemesters 1822/23 geschlossen.

Für dieses Wintersemester gab es bisher nur die eigenhändigen *Notizen Hegels* bis § 178[11] und die Nachschrift *Hothos*. Teile der Nachschrift *Hothos* wurden erstmals 1834 von Eduard Gans herausgegeben und vollständig 1974 von Karl-Heinz Ilting.[12]

Bei der neuen Quelle - im Weiteren sei sie als „Nachschrift *Heyses*" bezeichnet - handelt es sich um einen Text, der in ein Exemplar der gedruckten Erstausgabe von Hegels *Grundlinien der Philosophie des Rechts* von 1821 (1820) geschrieben wurde und zwar mit Bleistift auf den Seitenrändern und sonstigen unbedruckten Stellen. Der leserliche Text beginnt mit § 100 auf S. 98. Vor dieser Seite hat es ebenfalls vom selben Schreiber Randnotizen gegeben, die aber leider gründlich ausradiert wurden, so daß nur noch geringfügige Schreibspuren zu erkennen sind.

Auf dem weißen Vorsatzblatt des in Pappe gebundenen Exemplars gibt es ebenfalls Radierspuren, allerdings sind die Besitzervermerke davon nicht betroffen. Der mit Tinte geschriebene Besitzervermerk (vgl. Faksimile im Anhang) betrifft offensichtlich den Käufer oder ersten Eigentümer des Buches:

585.
KWLHeyse.
Berlin: 1822. Nov.

Das Buch wurde also zwei Jahre nach Erscheinen erworben und als Bibliothekszugang unter der Nr. 585 registriert. Der Besitzervermerk und

---

[10] Vorlesungen III 51-52.
[11] Herausgegeben von ILTING in Vorlesungen II 81-619.
[12] Als Band III der Vorlesungen.

die Randnotizen im gedruckten Exemplar stammen von Karl Wilhelm Ludwig Heyse, wie der Schriftvergleich zum Beispiel mit einem Brief Heyses vom 16.4.1828[13] beweist (vgl. die Faksimiles im Anhang).

Karl Wilhelm Ludwig Heyse (1797-1855) befaßte sich Zeit seines Lebens wie sein Vater Johann Christian August Heyse (1764-1829) mit Studien zur deutschen Sprache. Nach dem Besuch des Gymnasiums in Oldenburg und Nordhausen und einer Privatschule in Vevey am Genfersee studierte er in Berlin seit 1819 bei August Böckh Philologie, bei Franz Bopp Sanskrit und vergleichende Sprachwissenschaft und nicht zuletzt bei Hegel Philosophie. 1826 promovierte er zum Doktor der Philosophie. Nach der Habilitation 1827 war er zunächst Privatdozent und ab 1829 außerordentlicher Professor der philosophischen Fakultät an der Universität zu Berlin. Um seinen Lebensunterhalt zu verdienen, wirkte er kurzzeitig als Erzieher von Wilhelm von Humboldts jüngstem Sohn und dann über viele Jahre von 1819-1827 als Lehrer im Hause von Mendelssohn-Bartholdy, wo er die Kinder des 1811 von Hamburg nach Berlin übersiedelten Bankiers Abraham Mendelssohn-Bartholdy unterrichtete.[14] Somit hatte Heyse auch großen Einfluß auf die Entwicklung des Musikers und Komponisten Felix Mendelssohn-Bartholdy. Die Sprach- und Philosophiestudien Heyses in Berlin, darunter die Vorlesung im Wintersemester 1822/23 bei Hegel über Rechtsphilosophie, mögen dabei in der einen oder anderen Weise in den Unterricht Heyses eingeflossen sein. K. W. L. Heyse gehörte zu jenem Kreis gebildeter Bürger, die in den zwanziger Jahren des 19. Jahrhunderts Berlin zu einem Zentrum von Gelehrten und Künstlern machten.

Auf demselben Vorsatzblatt befindet sich mit Bleistift ein zweiter Besitzervermerk:

---

[13] Staatsbibliothek zu Berlin, Nachlaß 141 (Slg. Adam) Heyse, K.W.L.: Brief Heyses an seinen Vater.- Dr. Peter Jörg Becker, Direktor der Staatsbibliothek zu Berlin – Preußischer Kulturbesitz, konnte die Identität des Schreibers ermitteln: „Der Besitzeintrag war für mich unschwer zu verifizieren, da die Staatsbibliothek zu Berlin zahlreiche Bände aus dem Besitz von Karl Wilhelm Ludwig Heyse besitzt, alle mit seinem charakteristischen Besitzeintrag." (Brief an den Herausgeber).
[14] Vgl. Allgemeine Deutsche Biographie Bd. XII S. 380-381; XVIII S. 324-325; Gelehrtes Berlin im Jahre 1845. Berlin 1846, S. 150-151; H. STEINTHAL im Vorwort zu K. W. L. HEYSE, System der Sprachwissenschaft. Berlin 1856, S. VI.

[Streichung des eigenhändigen Besitzervermerks Heyses]
Bülow
1857
Berlin

Der Name Bülow befindet sich noch einmal auf dem Titelblatt. Das Buch gehörte in der Tat dem Juristen Oskar Bülow (1837-1907), der 1857 in Berlin studierte, später Professor in Gießen, Tübingen und Leipzig war und sich mit Arbeiten zum Zivilprozeßrecht einen Namen gemacht hat.[15] Bülow mag das Heyse'sche Exemplar der *Rechtsphilosophie* während seines Studiums in Berlin im Antiquariatshandel erworben oder auf Umwegen aus dem Familienbesitz Heyses erhalten haben.[16] Dieses Exemplar von Hegels *Rechtsphilosophie* kam 1991 in einem Konvolut anderer juristischer Bücher aus dem Nachlaß Oskar Bülows in den Antiquariatshandel und wurde vom Herausgeber erworben.

Wie schon angedeutet, bezieht sich die Nachschrift *Heyses* auf das Wintersemester 1822/23, da es sehr enge Übereinstimmungen mit *Hothos* Mitschrift gibt. Freilich handelt es sich dabei nicht um eine Mitschrift während der Vorlesung, sondern um wohlüberlegte und sauber angefertigte nachträgliche Eintragungen auf Grund einer wohl umfangreicheren Mitschrift. Jedenfalls hat Heyse das Exemplar gründlich durchgearbeitet und dabei auch einige sinnstörende Druckfehler berichtigt: § 132 (*RPh* 126), § 187 (*RPh* 190) [„eingebildetem" ist sicherlich die bessere Variante als Iltings „gebildetem"], § 270 (*RPh* 257).

Die Notizen der Nachschrift *Heyses* sind am Rand oder auf freien Zwischenräumen neben dem Paragraphen oder der Textstelle geschrieben, wohin sie inhaltlich ungefähr passen. Bisweilen macht der Verfasser Einfügungshäkchen (⌠) im Text, um anzudeuten, daß seine Notizen inhaltlich zu dieser Stelle gehören. Seine Unterstreichungen des gedruckten Textes dienen aber in der Regel eher dazu, einzelne für ihn wichtige Begriffe oder

---

[15] Vgl. M. RÜMELIN, Oskar Bülow. Archiv f. d. civilist. Praxis 103 (1908) 1 ff.
[16] Für mögliche Querverbindungen Oskar Bülows zur Familie Mendelssohn und damit auch zur Familie Heyses ist der Hinweis Dr. Helmut Schneiders an den Herausgeber von Interesse, daß in einem Katalog (Erasmushaus 895, Basel) Musikautographen des Musikers Hans von Bülow (1830-1894) genannt werden, der mit Felix Mendelssohn-Bartholdy in Kontakt stand.

Gedanken hervorzuheben, als dazu, einen direkten Bezug zu den eigenen Notizen herzustellen.

Es fällt auf, daß die Randnotizen erst mit § 21 beginnen (ausradiert). Das könnte darin seinen Grund haben, daß Heyse die ersten Vorlesungsstunden versäumt und sich somit auch keine Mitschrift gemacht hat. Dasselbe gilt für jene Abschnitte des nicht ausradierten Teils, wo ebenfalls immer wieder über mehrere Paragraphen hinweg Notizen fehlen, die sich weitgehend mit bestimmten bei *Hotho* gekennzeichneten Vorlesungsstunden decken:

§§ 137-140: 2 Vorlesungsstunden (vgl. *Hotho* 428.33-461.18)
§§ 140-173: 10 Vorlesungsstunden (vgl. *Hotho* 468.30-546.16)
§§ 226-230: 1 Vorlesungsstunde (vgl. *Hotho* 679.11-687.20)
§§ 241-249: 1 Vorlesungsstunde (vgl. *Hotho* 702.27-710.6)
§§ 260 Ende - 269 Anfang: 1 Vorlesungsstunde (vgl. *Hotho* 717.26-726.2)
§§ 301 Mitte - 310: 2 Vorlesungsstunden (vgl. *Hotho* 796.20-812.34)

Die Schrift ist sauber, gleichmäßig und trotz der Kleinheit gut lesbar. Es werden zahlreiche Abkürzungen verwendet. Orthographie und Interpunktion, dem Anfang des 19. Jh. entsprechend, sind mit Ausnahmen[17] sicher, Groß- und Kleinschreibung schwanken.

Vergleich der Quellen

Hegels eigenhändige *Notizen* als Vorbereitung zu seinen Vorlesungen über Rechtsphilosophie sind nur bedingt brauchbar, um den tatsächlichen Wortlaut der Vorlesungen vor seinen Zuhörern wiederzugeben. Es handelt sich bei diesen Notizen um Stichpunkte, die während der Vorlesung von Hegel ausführlich dargelegt, aber auch modifiziert und durch andere Gedanken erweitert worden sind. In gewisser Weise sind deshalb die Mit- und Nachschriften seiner Schüler „authentischer" als die eigenhändigen *Notizen Hegels*. Keine dieser Mit- und Nachschriften protokolliert aber durchgehend die Worte Hegels. Vielmehr zeichnet jeder dieser Schüler das Gehörte mehr oder minder genau und ausführlich entsprechend dem

---

[17] „Willkür" manchmal mit oder ohne h, „Wiedervergeltung" in § 101 auf S. 4.14 mit ie, an anderen Stellen mit i.

eigenen Verständnis und Anliegen auf. Um die Darlegungen Hegels während der Vorlesungen möglichst wörtlich herauszuarbeiten, bedarf es der Überprüfung der Mit- und Nachschriften auf ihre Zuverlässigkeit: Wörtliche Übereinstimmungen untereinander oder auch mit den fragmentarischen eigenhändigen *Notizen Hegels* können als wörtliche Wiedergabe von Hegels Worten betrachtet werden. Dort, wo es keine wörtliche Übereinstimmung gibt, bleibt zu prüfen, ob eine inhaltliche Übereinstimmung vorhanden ist und somit der Gedankengang Hegels richtig verstanden und wiedergegeben wurde. Die Zuverlässigkeit von wörtlicher und inhaltlicher Wiedergabe durch Hegels Schüler erlaubt dann auch Rückschlüsse auf die Zuverlässigkeit von Textstellen einer Mit- oder Nachschrift, für die es keine Parallelstellen gibt.

Die oft wörtliche Übereinstimmung der Nachschrift *Heyses* mit der Vorlesungsmitschrift *Hothos* spricht überzeugend dafür, daß Heyse und Hotho im selben Wintersemester 1822/23 die Vorlesung gehört haben. Die Übereinstimmungen beider, gelegentlich ergänzt durch die eigenhändigen *Notizen Hegels* zu dieser Vorlesung, geben jetzt zudem eine sicherere Grundlage für die „Authentizität" der Überlieferung von Hegels Vorlesung und seiner philosophischen und politischen Haltung drei Jahre nach den Karlsbader Beschlüssen.

Die Nachschrift *Heyses* bestätigt an vielen Stellen, daß *Hotho* sehr oft Hegels Worte wörtlich aufgezeichnet hat. Dasselbe gilt natürlich auch umgekehrt. Hierfür einige Beispiele:

§ 100

Hotho 315.8-11	Heyse 3.6-8
Seine That enthält zugleich die Einwilligung, daß ihm die Verletzung des Aufhebens geschehe.	Seine That enthält zugleich seine Einwilligung, daß ihm dieses geschehe.
Hotho 316.31-317.2	Heyse 3.22-24
Das Fernere ist nun daß dieß die Andern nicht anerkennen in Beziehung auf sich. In Beziehung auf ihn gilt es,	Die anderen erkennen es nicht an, allein in Beziehung auf ihn gilt es

ihm ist es gültig, er läßt es gelten, und gilt durch seine That selbst.	durch seine That selbst.
Hotho 319.3-6	*Heyse 4.4-5*
Das was Beccaria fordert, daß <u>der Mensch seine Einwilligung</u> gebe, dieß tut der Verbrecher <u>durch</u> seine <u>That</u> schon.	<u>Der Mensch</u> giebt <u>seine Einwilligung</u> <u>durch</u> die <u>That</u> selbst.

§ 117

Hotho 359.18-21	*Heyse 15.7-10*
<u>Die Grenze der eigentlichen Schuld ist schwer zu ziehn.</u> In unseren Gesetzgebungen ist das Recht des subjectiven Willens respectirt, und dieß ist ein großer Fortschritt.	<u>Die Grenze der eigentlichen Schuld ist</u> hier <u>schwer zu ziehen.</u> In unseren Gesetzgebungen ist das Recht des subjectiven Willens respectirt.

§ 182

Hotho 566.28-567.12	*Heyse 34.3-13*
das andere ist, daß jede <u>Person</u> in Beziehung auf andere ist, so daß sie nur <u>ihre Zwecke, vermittelt durch die</u> der <u>andern</u> Personen hat. Diese Beziehung ist <u>die Form der Allgemeinheit durch</u> die die <u>Besonderheiten sich beschränkten,</u> und wodurch zugleich jedes seinen Zweck erreicht. In der bürgerlichen Gesellschaft <u>ist jeder sich Zweck,</u> alles Andre ist ihm nichts. <u>Aber ohne Beziehung auf Andre</u> kann er den Umfang seiner Zwecke <u>nicht erreichen.</u> Diese Andern, sein Verhältniß zu ihnen, <u>die Gesammtheit der Andern</u> und ihr <u>Verhältniß</u> sind nun <u>Mittel</u> zum <u>Zweck des</u> Besondern.	Die besondere <u>Person</u> erreicht ihre Zwecke vermittelt durch die aller Andern. Dies macht <u>die Form der Allgemeinheit, wodurch</u> das <u>Besondere sich beschränken muß.</u> <u>Jeder ist sich</u> der <u>Zweck;</u> diesen kann er <u>aber ohne Beziehung auf</u> andere <u>nicht erreichen.</u> <u>Diese Gesammtheit der Andern,</u> das <u>Verhältniß</u> macht die <u>Mittel</u> für den <u>Zweck des</u> einzelnen aus.

XVII

Hothos Mitschrift zeichnet sich im übrigen gegenüber der Nachschrift *Heyses* dadurch aus, daß sie ausführlicher ist, also den Wortlaut und die Gedankengänge Hegels umfassender widerspiegelt. Heyse hat offenbar bei der nachträglichen Bearbeitung seine ausführlichere Vorlesungsmitschrift durch Auslassungen auf die ihm wesentlichen Äußerungen Hegels verkürzt. Das wurde nicht zuletzt durch die Knappheit des Platzes in dem gedruckten Exemplar bedingt. Bei der Verkürzung des ursprünglichen Wortlautes waren natürlich auch sprachliche Veränderungen notwendig, um grammatisch richtige, verständliche Sätze zu formulieren. Nur selten hat Heyse den Wortlaut auf unvollständige Sätze verkürzt.

Wenn man *Hegels* eigene *Notizen* zur Vorlesung von 1822/23 zusätzlich hinzuzieht, kommt man dem „authentischen" Wortlaut der Vorlesung noch einen Schritt näher. Auch hierfür ein Beispiel:

§ *101*

Hotho 320.27-321.3	Hegel, RPh V.367.16-19	Heyse 4.18-22
es ist aber die Umkehrung der Gestalt selbst des Verbrechens gegen sich. Diese Umkehrung, das Umschlagen in die entgegengesetzte Bestimmung geschieht im Begriff. Die Eumeniden schlafen, das Verbrechen ruft sie auf, sie sind die eigene That des Verbrechers, und es ist nur die eigene That des Verbrechers, die sich geltend macht.	Das, was er gethan, wird zu einer Macht, feindselig gegen ihn die Eumeniden schlafen -treten erst hervor gerufen.- Es ist die eigne That, die sich an ihm geltend macht.	Das, was einer gethan, wirkt selbst als feindselige Macht gegen ihn. Die Eumeniden sind die eigene That des Verbrechers, die sich an ihm geltend macht.

Hegel könnte also seinen Studenten vorgetragen haben:

„Es ist aber die Umkehrung der Gestalt selbst des Verbrechens gegen sich. Das, was einer getan, wirkt selbst als feindselige Macht gegen ihn. Diese Umkehrung, das Umschlagen in die entgegengesetzte Bestimmung geschieht im Begriff. Die Eumeniden schlafen, das Verbrechen ruft sie auf, sie sind die eigene Tat des Verbrechers. Und es ist nur die eigene Tat des Verbrechers, die sich an ihm geltend macht."

Daß Hegel in seinen Vorlesungen einen bestimmten Gedanken oft aus unterschiedlicher Sicht betrachtet, macht sich auch in den Mitschriften bemerkbar. So notieren *Hotho* und *Heyse* öfters nur den einen Gesichtspunkt und lassen den anderen fort. Auch hierfür Beispiele:

§ 199
Hotho 615.25-31   *Heyse 45.16-18*

Ein viel Brauchender thut der bürgerlichen Gesellschaft mehr Nutzen, als der welcher dieselbe Summe in Allmosen ausgäbe, denn an die erste Weise des Ausgebens ist die Thätigkeit der Andern, Anwendung ihres Verstandes gebunden.

An die Einnahme ist die Bedingung der Thätigkeit geknüpft.

Der Begriff der Konsumtion (*Hotho* 614.14: Brauchender; *Heyse* 45.4: verschwendet), der die Produktion, „Tätigkeit" zur Voraussetzung hat, wird bei *Hotho* und *Heyse* durch die entgegengesetzten Begriffe „Ausgeben" und „Einnahme" erläutert.

§ 197
Hotho 608.13-16   *Heyse 43.20-22*

Der Ungeschickte bringt immer etwas Anderes heraus, als er will, weil er nicht Herr ist über sein eigenes Thun.

Die Meisterschaft über die Thätigkeit ist die Geschicklichkeit.

Derselbe Gedanke (Beherrschung des Tuns = Geschicklichkeit) wird hier einmal negativ, einmal positiv ausgedrückt.

§ 282
Hotho 769.7-10   *Heyse 74.16-19*

Erst indem diese Subjectivität im Mo-   Ist das Volk souverän, so kommen die

XIX

narchen existirt, ist dieß Moment zu	Momente des Begriffs nicht zu ihrem
seinem Recht gekommen.	Rechte.

Hier geht es um die für Hegels Staatsphilosophie so wichtige Frage der Souveränität. „Die Souveränität" ist als „letzte Spitze" der Staatsgewalt „grundlos, in dieser ist alles negiert".[18] Zwar spricht Hegel dem Volk Souveränität an sich zu, aber damit diese verwirklicht wird, bedarf es der souveränen, sich selbstbestimmenden Subjektivität des Monarchen.[19] *Hotho* und *Heyse* - tatsächlich natürlich Hegel in seiner Vorlesung – beleuchten in den zitierten Sätzen die unterschiedlichen Aspekte der Souveränität bezogen auf das Volk und auf den Monarchen als denjenigen, der subjektiv selbstbestimmt die Staatsgewalt ausüben, also auch „grundlos" das Begnadigungsrecht, die Negierung des Verbrechens vollziehen kann.

Bei der Schuldbeurteilung arbeitet Hegel heraus, daß das neuere Recht „das Recht des subjektiven Willens" anerkennt, ob nämlich ein Unrecht vorsätzlich begangen wurde oder nicht.[20] Dann führt er zwei Gegenbeispiele an, wo diese Unterscheidung noch nicht vorhanden ist: Griechenland und China. Seinen beiden Schülern Hotho und Heyse genügte es, jeweils nur eines der Beispiele zu notieren:

§ 117

Hotho 359.23-28	*Heyse 15.10-13*
Denn bei alten Gesetzgebungen ist dieß nicht der Fall. Doch früh fand man es hart, und so entstanden die griechischen Asyle, die den der Rache des Getödteten bloßgestellten schützend aufnahmen.	Bei den Chinesen ist da noch heute kein Unterschied zwischen Vorsätzlichem und Zufälligem.

So sehr Heyse bemüht war, Hegels Vortrag in konzentrierter Form aufzuzeichnen, sind ihm doch manche Verständnisfehler nachzuweisen. In folgenden beiden Beispielen mag es sich vielleicht noch um Hörfehler

---

[18] *Hotho* 768.16-22.
[19] Vgl. *Hotho* 760.27-761.3, 768.30-769.7.
[20] *RPh* § 117; *Hotho* 359.19-22; *Heyse* 15.8-10.

oder Flüchtigkeiten bei der Übertragung von der Vorlesungsmitschrift auf die Nachschrift handeln:

§ 207
Hotho 637.9-11 *Heyse 48.21-23*

| Dem besondern Stande anzugehören sieht man für eine Gebundenheit an | Man hält sich nicht für frei, wenn man keinem besonderen Stande angehört |

Wie *Hotho* richtig überliefert, kann die Zugehörigkeit zu einer sozialen Gruppe als Unfreiheit empfunden werden. Es ergibt daher nur Sinn, wenn man in *Heyse* „keinem" in „einem" korrigiert.

§ 137
Heyse 27.7

Wahrhaftes und falsches Gewissen.

Sozusagen als Kapitelüberschrift für das Folgende notiert *Heyse* die beiden Formen des Gewissens. Freilich behandelt Hegel als zweite Form des Gewissens nicht das „falsche" sondern das „formelle" Gewissen.[21] „Falsches" ist zwar der Gegensatz zu „Wahres" und mag daher für den Verfasser Heyse nahegelegen haben, kann aber aus dem Zusammenhang heraus nur „formelles" geheißen haben.

Manche Stellen, die von *Hotho* wenig verständlich überliefert werden, können durch die Nachschrift *Heyses* verbessert werden:

§ 191
Hotho 593.5-11 *Heyse 39.32-40.2*

| Die Menschen haben alle dieselben concreten Bedürfniße, die aber vielfach sich unterscheiden lassen, so daß die Menschen in dem <u>Confortable</u> ganz | Die Engländer sind unerschöpflich in Erfindung solcher Dinge, die sie

 <u>comfortabel</u> nennen. |

---

[21] Bei *Hotho* begegnet der Begriff „formelles Gewissen" zu den §§ 137 und 138 selbst nicht, wohl aber in *RPh* 134.8, 11 = *RPh-Ilt* 488.22, 24 = *RPh-Hm* 123.14, 17, woher der Begriff vom Herausgeber Ilting als Überschrift zu §§ 137 und 138 genommen wurde.

unerschöpflich sind, und ins unendliche fortgehn, was in dieser Verfeinerung das Unselige ist.

Bei *Hotho* ist der Zusammenhang von „Bedürfnissen" und „comfortable" unklar ausgedrückt. Man weiß auch nicht, wieso an dieser Stelle der englische oder französische Begriff auftaucht. Bei *Heyse* wird verständlich, daß Hegel im Zusammenhang mit der Weiterentwicklung der Bedürfnisse auf die Engländer hingewiesen hat. Auf die Engländer ist Hegel in etwas anderem Zusammenhang übrigens bereits in seiner früheren Vorlesung von 1819/20 eingegangen.[22]

§ 225

Hotho 685.24-29   Heyse 59.5-10

In diesem Fall unterscheidet sich das gewöhnliche Gericht vom Geschworenen-Gericht, dessen Hauptmoment ist, daß bei ihm das Eingeständniß des Verbrechers nicht nöthig ist.	In diesem Fall ist das Gericht dem Geschworenen-Gerichte gleichgesetzt, welches das Gewissen der Geschworenen als hinreichend anerkennt, den Angeklagten zu verurtheilen.

Hegel sah in der zu seiner Zeit noch praktizierten altdeutschen Rechtspflege erhebliche Mängel und unterstützte die liberalen Bestrebungen zur Einführung von Geschworenengerichten nach englischem Vorbild. Hegel erklärte seinen Zuhörern das deutsche Strafverfahren, welches für den Tatsachenbeweis das Eingeständnis des Verbrechers erforderlich machte. Leugnete der Verbrecher aber, konnte das Eingeständnis früher durch die Tortur erzwungen werden. Nachdem die Tortur in Fortfall gekommen ist, wird der Gerechtigkeit dadurch Genüge getan, daß man die „subjektive Überzeugung der Richter" als „hinreichend" für die Rechtsfindung annimmt. Das durch die „subjektive Überzeugung der Richter" statt durch ein Eingeständnis begründete Urteil kann aber als Willkür und Ungerechtigkeit erscheinen. Die „subjektive Überzeugung" als ausreichend muß durch die Zusammensetzung des Gerichts und durch die Öffentlichkeit des Verfahrens legitimiert sein. Diese Voraussetzung bietet das öffentlich verhandelnde Geschworenengericht, weil hier neben dem für die juristische Seite kompetenten Richter Laienrichter urteilen, die „nicht das

---

[22] HENRICH, Philosophie 154.18-21.

Interesse des Gerichts haben", sondern „ebenbürtige Bürger des Angeschuldigten", „mit dem Verbrecher identischer sind" und „auf diese Weise ... aus seiner Seele sprechen".[23]

An der oben zitierten Stelle hat Hegel in seiner Vorlesung nicht auf den Unterschied zwischen dem gewöhnlichen deutschen Gericht und dem Geschworenengericht hingewiesen, wie *Hotho* schreibt. Vielmehr macht er deutlich, daß das deutsche Gericht, wenn es nicht mehr das durch die Tortur erzwungene Eingeständnis als Beweis heranziehen kann, die „subjektive Überzeugung" seiner Richter als ausreichend für die Beurteilung betrachtet und dadurch sich wie ein Geschworenengericht verhält, diesem sozusagen gleichgesetzt ist. Auf die Frage, warum das deutsche Gerichtsverfahren „mangelhaft" ist, geht Hegel dann erst im Folgenden ein. Der Text von *Heyse* trifft also Hegels Worte besser als derjenige *Hothos*, wobei *Hotho* ursprünglich dasselbe wie *Heyse* gehört haben muß. Denn er notierte zuerst:

In diesem Fall <vertritt> das gewöhnliche Gericht <das> Geschworenengericht ...

Beim späteren Überlesen seiner Mitschrift verstand er die logische Gedankenfolge Hegels nicht mehr richtig und meinte, den Unterschied der beiden Gerichte herausstellen zu müssen.

Erläuterungen zur Edition der Nachschrift *Heyses*

Die einzelnen Abschnitte der Nachschrift *Heyses* werden jeweils den Paragraphen von Hegels *Rechtsphilosophie* zugeordnet, zu denen sie inhaltlich gehören. Vor jedem Abschnitt wird vermerkt, auf welcher Seite der *Rechtsphilosophie* die Aufzeichnungen *Heyses* sich befinden und ob es im gedruckten Hegeltext Unterstreichungen oder andere Hinweiszeichen gibt. Die Orthographie einschließlich Groß- und Kleinschreibung und die Zeichensetzung *Heyses* wurden beibehalten. Textkritische Änderungen des Herausgebers sprachlicher oder inhaltlicher Art oder der Interpunktion, die dem besseren Verständnis dienen, sind durch [ ] gekennzeichnet worden.

---

[23] *Heyse* 59.15-22; vgl. *Hotho* 686.27-687.4.

Um die Benutzung der verschiedenen Texte zu Hegels Rechtsphilosophie zu erleichtern, werden rechts von *Heyses* Text die Parallelstellen in *Hegels* eigenhändigen *Notizen* und in den anderen Vorlesungsmit- und -nachschriften angeführt. In der Nachschrift *Heyses* selbst ist die entsprechende Stelle durch ⟩ ⟨ abgegrenzt. Während die Übereinstimmungen mit *Hotho* sehr eng sind, ist der Bezug zu den übrigen Texten wesentlich lockerer, da diese aus anderen Vorlesungssemestern stammen. Selten finden sich wörtliche Parallelen, oft geht es nur um die Behandlung desselben oder eines ähnlichen Gedankens in durchaus eigenständiger Formulierung. Um aber Hegels Entwicklung im Laufe der Jahre nachzuvollziehen, ist gerade dieser Vergleich höchst aufschlußreich.

Abkürzungen

< >   vom Verfasser *Heyse* gestrichen
abcd Unterstreichungen *Heyses*
..... nicht leserliche Buchstaben
[ ]   vom Herausgeber ergänzt
⟩ ⟨   zum Text zwischen diesen Klammern in der rechten Spalte die Parallelstellen

RPh   G.W.F. HEGEL, Grundlinien der Philosophie des Rechts. Berlin 1821

RPh-Ilt G.W.F. HEGEL, Grundlinien der Philosophie des Rechts. Hrsg. v. K.-H. Ilting. In: ILTING,Vorlesungen Bd. II

RPh-Hm G.W.F. HEGEL, Grundlinien der Philosophie des Rechts. Hrsg. v. J. Hoffmeister. In: G.W.F. HEGEL, Sämtliche Werke Bd. XII. 4. Aufl., Hamburg 1955

RPh IV, V, VI
Hegels eigenhändige Notizen zu den Vorlesungen über *Rechtsphilosophie* von 1821/22, 1822/23, 1824/25. Hrsg. v. K.-H. Ilting. In: ILTING,Vorlesungen Bd. II

Br   Briefe von und an Hegel. Hrsg. v. J. Hoffmeister, 4 Bde., Hamburg 1952-60

HENRICH, Philosophie
G.W.F. HEGEL, Philosophie des Rechts. Die Vorlesung von 1819/20 in einer Nachschrift. Hrsg. v. D. Henrich. Frankfurt/ M. 1983

ILTING, Mitschriften
G.W.F. HEGEL, Die Philosophie des Rechts. Die Mitschriften Wannenmann (Heidelberg 1817/18) und Homeyer (Berlin 1818/19). Hrsg. v. K.-H. Ilting. Stuttgart 1983

ILTING, Vorlesungen I, II, III, IV
G.W.F. HEGEL, Vorlesungen über Rechtsphilosophie. Hrsg. v. K.-H. Ilting. 4 Bde., Stuttgart - Bad Cannstadt 1973-74

Vorlesungsmitschriften:

Gr   Mitschrift von K.G.J. v. Griesheim von 1824/25. In: ILTING, Vorlesungen Bd. IV

Hen   anonyme Mitschrift von 1819/20. In: HENRICH, Philosophie

Ho bzw. *Hotho*
          Mitschrift von H.G. Hotho von 1822/23. In: ILTING, Vorlesungen Bd. III

Hom   Mitschrift von C.G. Homeyer von 1818/19. In: ILTING, Mitschriften

Wa   Mitschrift von P. Wannenmann von 1817/19. In: ILTING, Mitschriften[24]

---

[24] Eine parallele Edition: G.W.F. HEGEL, Vorlesungen. Ausgewählte Nachschriften und Manuskripte. Bd. I: Vorlesungen über Naturrecht und Staatswissenschaft (1817/18). Nachschrift P. Wannenmann. Einleitung v. O. Pöggeler. Hrsg. v. C. Becker u.a. Hamburg 1983

Text

der Nachschrift K. W. L. Heyses

zur Vorlesung G. W. F. Hegels

im Wintersemester 1822/23

§ 100
RPh 98 (= RPh-Ilt 362 = RPh-Hm 95-96)

Im Hegeltext unterstrichen: "an sich gerecht", dann Einfügungshäkchen ⌠.

⌠Auch schon ⌠insofern ist sie <u>sein</u> Recht, das ihm widerfährt.⌡ ⌠Er selbst ist ein Freies, und der Begriff der Freiheit kommt ihm selber zu, als
5 sein substantielles Wesen.⌡

⌠Ho 314.30-32, Hen 87.32, Hom 238.2⌡ ⌠Gr 289.8-9⌡

Im Hegeltext unterstrichen: "in seine Handlung gesetzt", dann Einfügungshäkchen ⌠, danach wieder unterstrichen "unter sein Recht subsumirt".

⌠Seine That enthält zugleich seine Einwilligung, daß ihm dieses geschehe.⌡ ⌠Seine <u>That</u> ist ein <u>Einzelnes</u>, aber nicht wie die eines
10 Thieres, etwas nur Scheinendes, Bedeutungsloses. Das <u>Einzelne</u> hat im Begriff <u>Allgemeinheit</u> in sich, ein Wesentliches, ist keine gleichgültige leere Einzelheit. Es ist ein Gesetz,
15 Recht damit aufgestellt, das freilich bloß <u>formell</u> ist, da der Inhalt unvernünftig. Doch ist der Wille an sich ein Vernünftiges.⌡ ⌠Es ist die Ehre, die dem Verbrecher widerfährt,
20 daß er noch als ein Vernünftiger nach dem von ihm anerkannten Recht bestraft wird.⌡ ⌠Die anderen erkennen es nicht an; allein in Beziehung auf ihn gilt es durch seine That selbst.⌡

⌠Ho 315.8-10, Hen 87.25-26⌡

⌠Ho 315.11-316.5, RPh V. 363.9-10, Hen 88.11-14, Gr 289.18, 21-24, Wa 69.24-26, Hom 238.12-14⌡

⌠Ho 316.16-20, Gr 289.33-290.3, Wa 70.1-4, 128.15-17, Hom 238.2-3, 14-15⌡

⌠Ho 316.31-317.2⌡

Im Hegeltext unterstrichen: "liegt in der Handlung des Verbrechers",
dann Einfügungshäkchen ⌈.

⌈Durch den Mord selbst hat der
⌉Mörder ein Gesetz aufgestellt, das   ⌉Ho 318.32-33, Gr 290.4-6, Wa 69.
an ihm geltend gemacht werden   31-32, 70.35-37⌈
muß.⌈ ⌉Der Mensch giebt seine Ein-   ⌉RPh IV.365.2-3, Ho 319.3-6, Gr
5 willigung durch die That selbst.⌈   290.3-4⌈

§ 101
RPh 99 (= RPh-Ilt 366 = RPh-Hm 96-97)

Im Hegeltext unterstrichen: "insofern Wiedervergeltung" und links daneben:

6   ⌉talio⌈   ⌉Hen 88.23, Wa 72.10, 14, Hom
                                                                                238.26⌈

am rechten Rand:

⌉Diese Bestimmung ist aus der ge-   ⌉Ho 319.17, 19-21⌈
wöhnlichen Ansicht der Criminalju-
stiz verschwunden.-⌈ ⌉Was einer ge-   ⌉Ho 319.23-25, RPh V.367.6, Hen
10 than, das soll ihm wiedergeschehen.⌈   89.4-6, Gr 292.14-15⌈
Dies ⌉ist der innere Zusammenhang   ⌉Ho 319.35-320.3, RPh V.367.10⌈
der Nothwendigkeit, Identität ganz
unterschieden scheinender Gestaltun-
gen.⌈ ⌉Die Wiedervergeltung kann   ⌉Ho 320.15-19, RPh IV.369.25,
15 als unmoralisch, als persönliche Ra-   Hen 89.15ff.⌈
che erscheinen.⌈ ⌉Es ist aber ein   ⌉Ho 320.19-22⌈
Thun, das der Begriff des Rechtes
ausübt.⌈ ⌉Das was einer gethan,   ⌉Ho 320.27-29, RPh V.367.16-17⌈
wirkt selbst als feindselige Macht
20 gegen ihn⌈ ⌉(die Eumeniden sind die   ⌉Ho 320.34-321.3, RPh V.367.17-
eigene That des Verbrechers, die sich   19, Gr 292.19-22⌈
an ihm geltend macht).⌈

RPh 100 (= RPh-Ilt 370 = RPh-Hm 97-98)

Im Hegeltext unterstrichen: "der an sich nichtige Wille, somit seine Vernichtung, die als Strafe erscheint, in sich selbst enthält."

⟩Die Wiedervergeltung[1] muß nicht in dem Sinne genommen werden, daß man die sinnliche Bestimmtheit festhält.⟨ ⟩Der Gedanken des Werthes
5 (s. vom Umfang) erklärt die Sache.⟨

⟩Hen 88.27-29, Gr 293.1-3, Wa 71. 45-46, Hom 238.23-24⟨

⟩Gr 293.1-4, Wa 71.46f., 72.14f., Hom 238.25⟨

RPh 101 (= RPh-Ilt 372 = RPh-Hm 98)

Im Hegeltext unterstrichen: "specifischen Gleichheit zu Schulden kommt. Der Werth als das innere Gleiche".

§ 102
RPh 101 (= RPh-Ilt 374 = RPh-Hm 98)

Im Hegeltext unterstrichen: "dem Inhalte nach gerecht, insofern sie Wiedervergeltung ist".

⟩Strafe kommt nur den Gesetzen und Gerichten zu.⟨ Hier ⟩ist noch unmittelbare Ausübung des Rechts = Rache, wo noch kein Gesetz, kein
10 Gericht ist; ⟨ ⟩(die Eumeniden als innere nothwendige Macht:⟨ die Rächenden).

⟩Ho 322.27-29, Wa 72.41⟨
⟩Ho 322.30-33, 323.3-4, Hen 89.17-18, Gr 294.2-3, Wa 72.31, 73.3, Hom 239.9⟨
⟩Ho 322.6-9, Wa 72.40⟨

RPh 102 (= RPh-Ilt 374 = RPh-Hm 98)

Im Hegeltext unterstrichen: "subjectiven Willens".

---

[1] Heyse: Widervergeltung

⟩Bei der Strafe ist es allgemeine Bestimmung des an und für sich seyenden Willens;⟨ und ⟩im Gericht sind die Einzelnen nur um der Ausübung
5   der Gerechtigkeit willen da, die <u>objectiv</u> ist.⟨ - ⟩Bei der Rache ist eine subjective Handlungsweise. Der besondere Wille, der die Gerechtigkeit ausübt, ist nicht bloß die Bethätigung
10 des Allgemeinen.⟨ ⟩Der subjective Willen ist ein Zufälliges, Willkührliches.⟨

⟩Hom 239.16f.⟨

⟩Ho 323.21-24⟨

⟩Ho 323.29-34, Gr 294.3-8, Wa 72. 32-35, Hom 239.10-12⟨

⟩Ho 324.10-12, RPh V.375.3-4⟨

RPh 102 (= RPh-Ilt 374 = RPh-Hm 99)

Im Hegeltext unterstrichen: "Die Rache wird hiedurch, daß sie als Handlung eines besonderen Willens ist, eine neue Verletzung".

So in Zeiten und ⟩Völkern, wo der Staat noch nicht wirksam genug ist,⟨
15 und Familien die Verletzung eines Einzelnen rächen. ⟩So junge Stämme der Nordamerikaner.⟨

⟩Ho 324.31-32, Hen 90.7-8⟨

⟩Ho 325.2, Wa 73.5⟨

⟩So wenn es darauf ankommt, ob ein
20 Kläger da ist, und die Gerichte außerdem keine Notiz von dem Verbrechen nähmen.⟨ Dergleichen darf nicht von ⟩Willkühr der Individuen⟨ abhängen.
25

⟩Ho 325.14-19, RPh V.375.8, Hen 90.9-11, Gr 295.2-5, Wa 73.4-6, Hom 239.17-18⟨

⟩RPh V.375.7⟨

⟩Verzeihung, Begnadigung eines Verbrechens ist eine höhere Macht, als die der Gerechtigkeit.⟨ ⟩Das Geschehene wird dadurch ungeschehen
30 gemacht.⟨

⟩Ho 325.28-32⟨

⟩Ho 326.4-6⟨

§ 103
RPh 102 (= RPh-Ilt 376 = RPh-Hm 99)

Im Hegeltext unterstrichen: "der als besonderer subjectiver Wille das Allgemeine als solches wolle. Dieser Begriff der Moralität aber ...".

§ 104
RPh 103 (= RPh-Ilt 376 = RPh-Hm 99)

Im Hegeltext unterstrichen: "für sich seyenden einzelnen Willen".

⟩Das Recht ist der Wille, wie er sich Daseyn giebt.⟨ ⟩Es ist aber ein Geistiges. Daher muß sein Daseyn zugleich ein Geistiges seyn. Es muß durch Aufhebung der Unmittelbarkeit seyn.⟨ ⟩Die Freiheit, wie sie unmittelbar ist,⟨ ist nicht wahrhaft als Idee, ⟩ihre Realität ist eine Negation,⟨ also ⟩eine Negation der Negation = Affirmation⟨ durch die Vermittlung. ⟩So ist das Recht als unendliches gesetzt.⟨ ⟩Das an sich Seyende ist noch nicht das wahre. Dazu gehört ein Daseyn, das im Aufgehobenseyn des unmittelbaren Daseyns ist und so dem Begriffe entsprechend.⟨

⟩Ho 326.32-35, RPh V.377.9-10, 378.5-6, Gr 296.23-25, 297.6-8, Wa 73.26⟨ ⟩Ho 327.1-7, RPh VI.379. 19-21, Hen 91.11-13⟨

⟩Hen 91.14-15⟨

⟩Ho 327.11-12⟨
⟩Ho 327.16-17⟨

⟩Ho 327.17-18, RPh VI. 379.23, Hom 241.5f.⟨ ⟩Ho 327.20-27⟨

§ 107
RPh 106 (= RPh-Ilt 392 = RPh-Hm 102)

Im Hegeltext unterstrichen: "Recht des subjectiven Willens".

⟩Das Allgemeine hat auch sein Recht gegen das Subjective. Beide sollen

⟩Ho 332.15-19, Hom 241.8-10, 26-29⟨

1   einander identisch seyn.⟩

§ 108
RPh 107 (= RPh-Ilt 392 = RPh-Hm 102)

Im Hegeltext unterstrichen: "unmittelbar <u>für sich</u> und von dem <u>an sich</u> seyenden ... Die <u>Subjectivität</u> ist aber ... das <u>Formelle</u> desselben aus".

⟩Das unendliche Selbstbestimmen ist   ⟩Ho 337.20-22, 33-34⟨
die reine Form des Willens selbst
(die <u>Form</u> ist das Lebendige, Trei-
5 bende, Hervorbringende,⟩ ⟩die Ma-   ⟩Ho 337.31-32⟨
terie ist todt).⟩ Daher ist es auch ⟩im   ⟩Ho 338.14-17⟨
Begriff Gottes nothwendig, ihn als
Person, als Subject zu denken. Dadurch erst wird er wirksam; sonst
10 wäre er ein Abstractum.⟩

RPh 107 (= RPh-Ilt 392 = RPh-Hm 102)

Im Hegeltext unterstrichen: "mit <u>dem Begriffe des Willens</u>", dann Einfügungshäkchen ⌈.

⌈Dem ruhenden, ewig sich <u>haltenden</u>
⟩Standpunct der <u>Sittlichkeit</u> ist, daß   ⟩Ho 338.30-33⟨
der subjective Wille seinem Begriff
vollkommen angemessen⟩. ⟩Das   ⟩Ho 338.34-339.2, Wa 75.3f., 7f.,
15 <u>Moralische</u> ist der Standpunct der   Hom 241.7-8⟨
Subjectivität, des <u>Verhältnisses,</u>⟩ der
Wille ist herausgegangen. ⟩Der Pro-   ⟩Ho 339.10-13⟨
ceß dieses Standpunctes ist[,]de[n][1]
subjectiven Willen identisch zu set-
20 zen mit dem Begriffe desselben,⟩

---

[1] Heyse: ist dem

welches Ziel aber noch nicht erreicht ist; ⸥daher das Sollen, die Forderung.⸤ ⸥Die Einheit als ein strenges formelles Recht ist aufgelöst. Der
5 Begriff ist getrennt von seinem Daseyn.⸤ ⸥Hier tritt der Standpunct des Bewußtseyns, der Endlichkeit ein.⸤

⸥Ho 338.29-30, 339.14-15, Hom 241.9, 28⸤ ⸥Ho 339.21-31⸤

⸥Ho 339.33-34, Gr 303.28, Hom 241.24⸤

§ 109
RPh 108 (= RPh-Ilt 394 = RPh-Hm 103)

⸥[1.]Der Inhalt ist zunächst nur ein Subjectives.⸤ Dieses ist nicht nur
10 Grenze an sich, sondern ⸥für mich Grenze⸤. 2. Ich habe eine ⸥Bestimmtheit in mir gesetzt = Thätigkeit, den Inhalt in unmittelbares Daseyn zu versetzen.⸤

⸥Ho 341.8-10, RPh V.395.20, Gr 304.27⸤
⸥Ho 341.20-21⸤
⸥Ho 341.24-27, 29-32, Gr 304.31, 305.6-7⸤

§ 110
RPh 108 (= RPh-Ilt 396 = RPh-Hm 103)

Im Hegeltext unterstrichen: "für mich als der Meinige so bestimmt", dann Einfügungshäkchen ⸢.

15 ⸢⸥Die Bestimmung des für sich Seyns muß in diesem Inhalte seyn. Ich muß etwas für mich wollen.⸤ ⸥Im ausgeführten Zwecke soll ich, meine Vorsicht, meine Absicht erhalten
20 seyn.⸤ ⸥Was ich gethan[,] soll mein Vorsatz seyn, der[,] wie er innerlich war, nun gelten soll.⸤ ⸥Er erkennt das Gethane nur als das Seinige, in sofern sich darin die Bestimmung

⸥Ho 342.10-13⸤
⸥Ho 342.16-19, RPh IV.397.8-9⸤
⸥Ho 342.28-31, Wa 76.38f.⸤
⸥Ho 342.33-343.2, Gr 305.21-22⸤

des Zweckes findet, die subjectiv in
ihm war.⟨ ⟩In dem Meinigen verlan-　⟩Ho 343.10-13⟨
ge ich mein subjectives Wollen zu
erkennen;⟨ und nur in sofern dies
5　darin erkenntlich, erkenne ich das
Gethane als das Meinige.

§ 111
RPh 109 (= RPh-Ilt 396 = RPh-Hm 104)

Im Hegeltext unterstrichen: "<u>an sich seyenden Willen angemessen... Objectivität des Begriffes... dieß nur Foderung</u>".

⟩Mit dem einzelnen, Gethanen stellt　⟩Ho 344.3-5⟨
der Mensch ein Allgemeines, ein Ge-
setz auf.⟨ ⟩Der Inhalt enthält in sich　⟩Ho 344.11, 13-15⟨
10　die Bestimmung des allgemeinen Be-
griffes des Willens.⟨

§ 112
RPh 109 (= RPh-Ilt 396, 398 = RPh-Hm 104)

Im Hegeltext unterstrichen: "<u>positive Beziehung auf den Willen Anderer</u>".

⟩Die Ausübung meines Zweckes　⟩Ho 345.16-18, RPh VI.397.22-
auf dem moralischen Standpunct　24, Gr 307.21-22, 308.7-8, Wa
hat wesentlich positive Bezie-　76.3-4, Hom 241.39-40⟨
15　hung auf den Willen Anderer⟨
⟩(nicht bloß negative, wie das　⟩Ho 345.11-12⟨
Recht).⟨ ⟩Das äußerliche Daseyn　⟩Ho 346.3-5, RPh V.397.20-21⟨
ist hier wesentlich der Willen
Anderer.⟨ ⟩Das Hervorgebrachte　⟩Ho 346.7-14, Gr 308.3-7, Wa
20　ist ein Subjectives, zunächst mei-　76.16f.⟨
ne Subjectivität, die ich aber zugleich nur äußerlich setze als eine
andere Subjectivität, das ist ein

anderer Wille.⟩ ⟨Im moralischen   ⟩Ho 347.14-20⟨
Willen verschwindet das atomi-
stische Ausschließliche des recht-
lichen.⟩ ⟨Es entsteht eine positi-   ⟩Ho 347.20-26⟨
ve Wechselbeziehung von Willen
und Willen, da es zunächst ein
Willen ist, der sich innerlich zu
sich selbst verhält.⟩

§ 113
RPh 110 (= RPh-Ilt 400 = RPh-Hm 105)

Im Hegeltext unterstrichen: "moralischen ist Handlung".

⟨Hier erst tritt Handlung ein. Etwas   ⟩Ho 348.32-35, Hen 93.1-2⟨
Rechtliches kann auch Handlung
seyn, hat aber nicht die formelle
Natur derselben an sich.⟩ ⟨Zur   ⟩Ho 349.1-2, Hen 93.1-2, Gr 310.
Handlung gehört Thätigkeit des mo-   15-16⟨
ralischen subjectiven Willens.⟩

Im Hegeltext nach "als ein Sollen" Einfügungshäkchen ⌈.

⌈⟨Das Thun soll dem Begriffe gemäß   ⟩Ho 349.12-14, Gr 310.6⟨
seyn.⟩

Im Hegeltext "Willen Anderer zu seyn." ist Satzpunkt durch Komma
ersetzt, dann beigefügt

⟨ohne Vorsatz giebt es keine Hand-   ⟩Ho 349.19-25⟨
lung, nur That, in der das Urteil noch
nicht eintritt.⟩

§ 114
RPh 111 (= RPh-Ilt 404 = RPh-Hm 105-106)

Im Hegeltext unterstrichen: "<u>Vorsatz</u> des <u>subjectiven Willens</u>... die <u>Absicht</u>... das <u>Wohl</u>".

⌐[1. a)] Was als Handlung des Moralischen Willens gilt, soll ein Daseyn der Freiheit seyn, worin die Bestimmungen des moralischen Willens
5 erkennbar sind.⌐ ⌐Ich erkenne in dem[,] was in der Außenwelt wird, nur das als das Meinige, was meinem Vorsatze entspricht.-⌐ ⌐Der Vorsatz betrifft das <u>Formelle</u> überhaupt.⌐ b)
10 ⌐Hier zeigt sich ein Unterschied in der Handlung,⌐ der sich auf weiter bestimmten Inhalt bezieht. Das Einzelne, ⌐was ich thue[,] hat wesentlich Beziehung auf eine <u>Allgemeinheit</u>;⌐
15 ⌐dies ist der <u>Werth</u> der Handlung, zunächst der, den sie für mich hat,⌐ 2) ⌐den sie an sich hat.⌐ ⌐<u>Absicht</u> (verschieden von <u>Vorsatz</u>), der Beweggrund, das Allgemeine in dem
20 Einzelnen der Handlung⌐ (das sich im <u>Vorsatz</u> zeigt). ⌐Der <u>Werth</u> der Handlung ist zunächst <u>relativ:</u> das schlechthin Allgemeine, Absolute ist darin¹ <....> das <u>Gute</u>.⌐ ⌐Die Absicht
25 ist dem Inhalte nach ein anderes, als was im bloßen Vorsatze ist, und durch die einzelne Handlung sich manifestirt.⌐ ⌐Der Inhalt meiner Absicht, mein Zweck ist zunächst ein

⌐Ho 349.32, 33-35, 350.2-4⌐

⌐Ho 350.9-12⌐

⌐Ho 350.25-26⌐

⌐Ho 350.33-35⌐

⌐Ho 351.11, 13-14⌐

⌐Ho 351.20-23, RPh V.407.24⌐

⌐Ho 351.32-33⌐ ⌐Ho 351.26-30, 33-34, Gr 311.12⌐

⌐Ho 352.5-6, 7-10, Gr 312.9-11⌐

⌐Ho 352.16-18, RPh IV.407.1-2, 5-7, RPh V.407.19-20⌐

⌐Ho 352.23-30, RPh IV.407.8-10⌐

---
¹ Heyse: darin der

Besonderes. Die Absicht so nach ihrer Besonderheit aufgefaßt, enthaltend meine Besonderheit, macht mein Wohl oder das Wohl überhaupt
5 aus.⟨ ⟩So ist also das Vorgesetzte ⟩Ho 353.8-14⟨
auch in sich selbst gebrochen in den
Vorsatz und die Absicht.-⟨ ⟩3) Das ⟩Ho 353.15-20⟨
innerlich für sich Bestimmte soll zugleich ein allgemeiner Inhalt seyn,
10 die Absicht zur unendlichen erhoben,
zum Begriff des Willens = dem Guten.⟨

§ 115
RPh 112 (= RPh-Ilt 410 = RPh-Hm 106)

Im Hegeltext unterstrichen: "hat 'Schuld'... abstracte Prädicat des Meinigen".

⟩Zugerechnet kann mir das werden, ⟩Ho 354.7-9, RPh IV.411.3, V.
was mein Vorsatz gewesen ist.⟨ Der 411.4⟨
15 subjective ⟩Wille handelt: er ist end- ⟩Ho 354.16-23⟨
lich nach seiner Innerlichkeit, und
nach außen; jenes[,] in so fern der
allgemeine Begriff noch unterschieden ist von ihm als dem besonderen
20 Willen; dieses, indem er sich zu
einem unmittelbar vorhandenen Daseyn, einer Welt verhält.⟨ ⟩Der Wille ⟩Ho 354.23-24, Wa 77.19-21, 28,
handelt auf Umstände, die er findet, 31f., Hom 242.30f.⟨
und durch die That verändert.⟨ Die
25 Schuld an der That hat eine unbestimmte Bedeutung[,][1] ⟩Zurech- ⟩Ho 354.33-34⟨
nungsfähigkeit überhaupt noch ohne

---

[1] Heyse: Bedeutung.

die nähere Bestimmung,⟨ die im Vorsatz liegt. ⟩Insofern sich an diesem Daseyn das Prädicat des Meinigen findet, habe ich Schuld daran.⟨ ⟩Ho 355.2-6, Gr 313.21-22, Hen 93.20-22⟨

5 ⟩Dieser Begriff gehört der abstracten Reflexion an.⟨ ⟩Schuld heißt in diesem Sinne überhaupt der Beitrag irgend Jemands, die äußerliche Bedingung zu einer Begebenheit.⟨ ⟩Ho 355.8-9⟨
⟩Ho 355.21-27

§ 116
RPh 113 (= RPh-Ilt 412 = RPh-Hm 106-107)

10 ⟩Noxia⟨   ⟩RPh VI.413.6⟨

§ 117
RPh 113 (= RPh-Ilt 412 = RPh-Hm 107)

Im Hegeltext unterstrichen: "Umstände desselben" und darüber in Zwischenzeile erläutert:

11 des Daseyns

Im Hegeltext unterstrichen: "in seiner That... seine Handlung".

⟩Dem vorausgesetzten Daseyn steht das von mir hervorgebrachte gegenüber.⟨ ⟩Um auch im Daseyn zu handeln, muß ich eine Vorstellung davon haben.⟨ ⟩Hier kann mir nur das zugerechnet werden, in sofern ich das vorliegende Daseyn gekannt habe.⟨ ⟩Das vorliegende Daseyn ist nur zufällig auf diesem Standpunct der Endlichkeit. Es kann seyn, daß meine   ⟩Ho 356.18-21⟨

15   ⟩Ho 356.28-31⟨

⟩Ho 357.1-3, Gr 315.12-14

20   ⟩Ho 357.7-14, 358.1-4, Wa 77.38-40, Hom 243.13f.⟨

Vorstellung nicht richtig (recht und wahr) ist;⟩ (Wahrheit gehört nur dem Standpunct der Vernunft an) ⟨daß die Umstände anders sind, als ich sie weiß. Nur was in meinem Wissen von den Umständen liegt, kann mir zugerechnet werden,[1] ⟨zum Beipiel zufällige ⟨Tödtung und Mord.⟩ ⟨Die Grenze der eigentlichen Schuld ist hier schwer zu ziehen.- In unseren Gesetzgebungen ist das Recht des subjectiven Willens respectirt.⟩ Bei den Chinesen ist da noch heute kein Unterschied zwischen Vorsätzlichem oder Zufälligem.

⟨Ho 358.11-15, Gr 315.14-16, Wa 78.1-3, 8, 14f., Hom 243.14-16⟩

⟨Ho 358.33-34, RPh V.413.17, Wa 78.8-10⟩ ⟨Ho 359.18-21⟩

§ 118
RPh 114 (= RPh-Ilt 412, 414 = RPh-Hm 107)

Im Hegeltext unterstrichen: "Die Folgen, als die".

⟨Hier tritt die große Frage ein: bin ich an den Folgen meiner Handlung Schuld oder nicht:⟩ erhält die Handlung ihren Werth durch die Folgen?- ⟨Muß man bei einer Handlung auf die Natur des Princips oder der Consequenzen sehen?⟩ ⟨Manche Folgen sind nur die Art und Weise der Gestaltung des Zweckes der Handlung; diese gehören der Handlung an.⟩ ⟨So ist die Strafe für ein Verbrechen keine äußerliche, sondern eine wesentlich durch die Handlung selbst gesetzte Folge (siehe[2] oben), aus der

⟨Ho 360.12-15, Gr 316.2-3, Hen 94.7-8⟩

⟨Ho 360.15-22⟩

⟨Ho 360.28-30, 361.1-2⟩

⟨Ho 361.6-17, Gr 316.25-26⟩

---

[1] Heyse: werden.- [2] Heyse: Folge. Siehe

Natur der Handlung selbst fließend, eine Manifestation derselben.⟨ ⟩Die Handlungen haben aber in der Wirklichkeit unendliche Folgen, die
5 äußerlich sind, nicht zur Natur der Handlungen gehören und nicht zugerechnet werden.⟨

⟩Ho 361.21-30, Hen 94.20-23, Hom 243.23f.⟨

§ 121
RPh 118 (= RPh-Ilt 438 = RPh-Hm 110)

Im Hegeltext unterstrichen: "<u>Die allgemeine Qualität</u>".

⟩Die <u>allgemeine Qualität</u> der Handlung wird mir zugerechnet, als das
10 Meinige; ist aber das Meinige nur der <u>Form</u> nach.⟨ Jene ⟩allgemeine Qualität ist noch nicht mein positiver subjectiver Inhalt.⟨ ⟩Der Mörder oder Dieb mordet oder stiehlt nicht um
15 des Mordens willen etc. Es ist dies nicht sein positiver Zweck, wenn auch Vorsatz und Absicht, noch nicht sein eigener Inhalt als Subject.⟨ ⟩Die allgemeinen Prädicate der Handlung
20 sind also noch nicht das Positive für das Innerliche des Willens.⟨ ⟩Außer dem Inhalt der Handlung als einer äußerlichen, findet sich auch ein subjectiver Inhalt durch eigene Willens-
25 bestimmung.⟨ ⟩Dies nennt man gewöhnlich <u>Absicht</u> in engerem Sinne, <u>Beweggrund</u> der Handlung.-⟨ ⟩Das nennt man auch in engerem Sinn das <u>Moralische</u>,⟨ was eben im weiteren
30 Sinne genommen wird (siehe Vorsatz). ⟩Der <u>moralische</u> Standpunct

⟩Ho 371.33-372.3⟨

⟩Ho 372.11-13⟨

⟩Ho 372.22-35, Ph VI.441.7-8⟨

⟩Ho 372.34-373.3; RPh VI. 441.3⟨

⟩Ho 373.5-8, Hen 95.20-21⟨

⟩Ho 373.21-24, RPh VI.441.13-14, Hen 95.23-24⟨
⟩Ho 373.26-27, RPh VI.441.16⟨

⟩Ho 374.1-18⟨

bezogen auf das Subjective der Handlung, auf die Beweggründe, nicht auf die allgemeine Qualität der-
4 selben, ist ein moderner.⟨

RPh 118 (= RPh 440 = RPh-Hm 110)

Im Hegeltext unterstrichen: "subjective Freyheit in ihrer concretem Bestimmung", dann Einfügungshäkchen ⌈.

5 ⌈Das ist: ⟩ich will ein Solches, das wesentlich das Meinige ist (meine Lust, Neigung), befriedigen. Das ist eingepflanzte natürliche Triebe.⟨ ⟩Der Mensch verlangt, daß er durch
10 den Inhalt dessen, was er thut, befriedigt wird, daß es seinem Gewissen angemessen sey.⟨

⟩Ho 374.2-9, RPh VI.441.4-6, 8⟨

⟩Ho 375.10-13, Gr 329.1-5⟨

§ 122
RPh 118 (= RPh-Ilt 440 = RPh-Hm 110)

⟩Der Inhalt der Handlung auf der Stufe des Rechts ist ein ganz unbe-
15 stimmter;⟨ ⟩das Interesse des Individuums geht das strenge Recht nicht an, das sich nur auf das abstracte Ich, die Person bezieht.⟨

⟩Ho 381.6-7⟨

⟩Ho 381.17-20⟨

§ 123
RPh 119 (= RPh-Ilt 442 = RPh-Hm 111)

Im Hegeltext unterstrichen: "die formelle Thätigkeit... mit seiner Thätigkeit sey... auf dem das Subject...somit als Besonderes".

α) ⸤Das nächste Interesse ist, sich als diesen Besonderen geltend zu machen; dies ist ein abstractes, formelles Interesse. Die Menschen wollen
5 das Bewußtseyn ihrer Besonderheit bei der Thätigkeit gehabt haben.⸥ ß) ⸤Reine Bestimmung aus sich selbst ist das <u>Gute</u>; sie hat es nicht mit vorgefundenen Zwecken zu thun. Der
10 Zweck der Freiheit ist sie selbst.⸥ ⸤Hier finden sich noch dieselben Bestimmungen, wie bei dem <u>natürlichen</u> Willen, nach denen das Subject ein besonderes ist: vorgefundene körperliche
15 und geistige Bedürfnisse.-⸥ ⸤Fragen wir, ob solche Zwecke moralisch sind, so schwebt uns schon die Idee des <u>Guten</u> vor, deren Regel aber früher noch nicht vorhanden
20 ist.-⸥ ⸤Sofern die Bedürfnisse wesentliche Bestimmungen des Menschen sind, können sie Inhalt des Guten seyn.⸥ ⸤Das Individuum ist ein Freies, also Allgemeines, aber auch
25 wesentlich Individuelles, Totalität und Besonderheiten, ein Lebendiges, insofern [dieses] de[m] Mensch[en][1] wesentlich ist, hat er ein Recht die Befriedigungen dieser Bestimmun-
30 gen zu seinem Zwecke zu machen.⸥ ⸤Um seiner höheren Bestimmung zu genügen, muß der Mensch seine natürlichen Bedürfnisse befriedigen.⸥ Und ⸤diese Abhängigkeit ist nicht als
35 eine Herabwürdigung, Depravation,

⸤Ho 382.20-29, RPh VI.443.4, Gr 330.2-8⸥

⸤Ho 383.14-16, Hen 96.3-4, Gr 330.12-14, 331.17-18⸥

⸤Ho 383.21-29, RPh VI.443.15-17, Gr 331.14-15⸥

⸤Ho 384.4-7, 11-14, Gr 331.28-29⸥

⸤Ho 384.20-23⸥

⸤Ho 384.30-385.6, RPh VI.445.28, Gr 332.15-19⸥

⸤Ho 385.10-14⸥

⸤Ho 385.15-18, 19-22⸥

---

[1] Heyse: Lebendiges, dieses insofern der Mensch als

Schranke, Fessel anzusehen.-⟩ ⟨Die ⟩Ho 386.11-13⟨
Begierde im natürlichen Willen⟩
geht gerade aus, ⟨ist Einzelheit des   ⟩Ho 386.26-32, RPh VI.445.17-21⟨
Triebes. Trieb ist unwillkührlich; die
5 Begierde ist ungebändigt, noch ohne
das Licht der Freiheit.⟩ ⟨Auf diesem   ⟩Ho 387.1-9, RPh VI.445.21-26⟨
Standpunct aber mache ich den In-
halt der Begierde innerlich zu meinem Zwecke; ich weiß von diesem
10 Triebe, habe mich auf den Standpunct der Reflexion gesetzt; das Unmittelbare der Begierde ist gehemmt.
Ich habe Gewalt darüber. Es ist nicht
mehr stärker, als ich.⟩ ⟨Ich will den   ⟩Ho 387.12-15⟨
15 Inhalt als ein Freies.⟩

§ 124
RPh 120 (= RPh-Ilt 446 = RPh-Hm 111)

Im Hegeltext unterstrichen: "als ob die objectiven und die subjectiven
Zwecke einander im Wollen ausschließen... die subjective Befriedigung".

⟨Der Mensch ist, wo er handelt,[1] zu-   ⟩Gr 333.29-31, 334.17⟨
gleich dieses bestimmte Subject, und
so wird auch seine Empfindung
befriedigt.⟩ ⟨Die Forderung, der   ⟩Ho 389.30-31, 390.4-7, Hen 96.
20 Mensch soll ohne Empfindung han-   17-21, Gr 333.31-334.7⟨
deln, nicht seine Befriedigung su-
chen, ist ganz falsch.-⟩ ⟨Wenn an   ⟩Ho 390.9-13, Hen 96.14-16⟨
und für sich geltende Zwecke einer
subjectiven Befriedigung aufgeopfert
25 werden, so ist das freilich etwas anderes.-⟩ Hier ist nur die Rede davon,

---

[1] Heyse: handelt, ist

daß sich beide Seiten nicht ausschließen.- ⟩Man hat Recht, wenn man ⟩Ho 390.19-21⟨
sagt, das Gute muß Herzenssache
seyn.⟨ Der Geist, die subjective Em-
5 pfindung muß das Handeln bestimmen.

RPh 120 (= RPh-Ilt 446 = RPh-Hm 111-112)

Im Hegeltext unterstrichen: "die wesentliche Absicht des Handelnden und den objectiven Zweck... gewesen sey", dann Einfügungshäkchen ⌈.

⌈ ⟩Man trennt das Objective und das ⟩Ho 391.22-27, RPh VI.447.10-13⟨
Subjective der Handlung und meint,
nur eines von beiden kann Zweck
10 seyn, und doch liegt beides nothwendig in der Handlung;⟨ durch die objective Handlung findet das Subject
seine Befriedigung.

RPh 120 (= RPh-Ilt 446 = RPh-Hm 112)

Im Hegeltext unterstrichen: "Subject ist, ist die Reihe seiner Handlungen".

So ⟩machen sich manche Menschen ⟩Ho 392.10-21, RPh VI.449.15-19,
15 auch mit der Absicht groß, während Hen 99.22-25, Gr 335.7-9⟨
die Handlung werthlos ist. Großes
Wollen und kleines Hervorbringen
ist wenigstens Ungeschicklichkeit ⟨
⟩(in magnis voluisse sat est ist ver- ⟩Ho 392.26-31, Hen 99.20-22⟨
20 werflich). Das Wollen ist nichts; das
Handeln alles.⟨

§ 125
RPh 122 (= RPh-Ilt 452 = RPh-Hm 113)

Das Wohl des Nächsten soll dem Menschen am Herzen liegen, doch so, daß ⟩die Freiheit der Menschen respectiert ist,⟨ und man mir erlaubt, 5 mich um das Wohl des andern zu bekümmern.

⟩Ho 395.15-17⟨

⟩Das Wohl kann mit dem Recht in Collision treten.⟨ ⟩Noch ist keine 10 nothwendige Einheit zwischen beiden Seiten constituiert. Der Mensch bestimmt aus sich im Inhalt seines Handelns, also im besonderen Inhalt: das Wohl. Diesem Besonderen steht 15 dies Allgemeine entgegen, das Recht, die abstracte Freiheit der Persönlichkeit.⟨

⟩Ho 395.22, 23-25⟨
⟩Ho 396.1-12, Wa 82.11f.⟨

§ 128
RPh 124 (= RPh-Ilt 460, 462 = RPh-Hm 115)

⟩Die Persönlichkeit, und die Subjectivität als <unend> unendliche Beziehung 20 auf sich, das Allgemeine der Freiheit, sind sich an sich nicht entgegengesetzt.⟨ ⟩Die Besonderheit stellt sich im Nothrecht auf die Spitze und ist dadurch an sich mit der 25 Freiheit ausgesöhnt.⟨ ⟩Die Wahrheit dieses Gegensatzes ist vielmehr die Einheit beider Momente. Die Erscheinung der Einseitigkeit beider Seiten ist in der Noth vorhanden: das

⟩Ho 404.11-20, RPh VI.461.29⟨

⟩Ho 404.25-27, RPh VI.461.30, Wa 85.13-14⟨

⟩Ho 404.34-35, 405.2-3, 5-7, RPh VI.463.5⟨

formelle, und die besondere Subjec- ⟩Ho 405.9-13⟨
tivität.⟨ ⟩Das Daseyn <ist> der Per-
son ist der besondere Wille, und dieser wieder eins mit der Persönlich-
keit.⟨ ⟩Das strenge Durchführen des ⟩Ho 405.20-24, Gr 343.1-2⟨
Rechts (fiat iustitia, pereat mundus)
ist die Einseitigkeit des <u>formellen
Rechts</u>. Nicht weniger einseitig ist
die bloße Rücksicht auf das persönliche <u>Wohl</u>.-⟨ Isolirt sind beide Seiten
ein Endliches, Unwahres. ⟩Ihre ⟩Ho 405.31-32, Hen 101.8
Wahrheit liegt nur in ihrer Einheit:⟨
⟩Einheit des <u>formellen Rechts</u>, der ⟩Ho 406.8-11, RPh VI.463.24-27
abstracten Freiheit und des bloßen
<u>subjectiven Willens</u>.⟨ [Die]¹ Beson-
derheit ⟩dieser Einheit selbst aber ist, ⟩Ho 406.11-12
wie wir weiter sehen werden,⟨ noch
ein Abstractes, was nicht ganz die
rechte Form hat. ⟩Die objective ⟩Ho 406.18-20, 21-22, RPh VI.463.
Form dieser Einheit ist das <u>Gute</u>, die 20-22, Hen 101.9-11, Wa 85.19-23,
subjective das <u>Gewissen</u>.⟨ Hom 245.10-13

§ 129
RPh 125 (= RPh-Ilt 464 = RPh-Hm 116)

9 Zeilen ausradiert.

§ 130
RPh 125 (= RPh-Ilt 464 = RPh-Hm 116)

⟩Das Gute ist nicht etwas Relatives, ⟩Ho 408.11-18, Gr 346.22-23, 25-
als Wohl des Einzelnen, sondern als 26⟨
allgemeines Wohl, so daß es absolu-

---

¹ Heyse: Willens, der

2 te Bestimmung an sich enthält, nämlich auf die Freiheit.⌡

§ 131
RPh 126 (= RPh-Ilt 466 = RPh-Hm 116)

Mindestens 12 Zeilen ausradiert.

§ 132
RPh 126 (= RPh-Ilt 466, 468 = RPh-Hm 117)

Korrektur zu Hegel "ungesetzlich" mit Einfügungshäkchen ⌠:

3 ⌠hat

[1)] Die Idee des Guten ist die Er-
5 hebung über die besonderen Bestimmungen des Rechts: Bedürfnisse, Triebe u.s.w. Sie ⌠soll identisch seyn mit dem Begriff der Freiheit.⌡ ⌠Es fragt sich also, 2) was ist dann gut?⌡
10 Was ist schlecht? ⌠3) Das Bestimmen des Guten für sich, als Subjectivität, aber innere unendliche: das Gewissen.⌡

⌠Ho 411.19-21, Hen 101.12-13, 102.4-5⌡ ⌠Ho 411.16-17, Hen 102. 2-3⌡

⌠Ho 411.25-28, 412.3-5, RPh VI. 469.5-6, Gr 350.22-23⌡

RPh 128 (= RPh-Ilt 470, 472 = RPh-Hm 118)

⌠Formelles Wissen dessen, was gut
15 ist,⌡ ist das erste; ⌠das An sich seyn der Handlung muß ich kennen: Was an sich ist, soll für mich seyn,⌡ weil

⌠Ho 411.5-7, RPh VI.467.17, 19⌡
⌠Ho 413.5-7, RPh VI.469.8-9, 21⌡

ich Willen bin. Die weitere Frage ist, was ist gut? Welchen Inhalt verdient dies Prädicat. Was ist die besondere Bestimmung des Guten. ⌊(Dies Ge- 5 setzliche ist bloß das Formell-Gute).⌉ ⌊Ho 413.24-29, RPh VI.469.15, 29- 30, Gr 354.7-8⌉

§ 133
RPh 129 (= RPh-Ilt 474, 476 = RPh-Hm 119)

⌊Was hier Pflicht ist, ist zugleich Recht⌉ (bei Eigenthum ist Pflicht und Recht geschieden). ⌊Das Gute ist für mich ein Verpflichtendes, wobei 10 es das Wesentliche meines Willens ausmacht⌉. Zunächst haben wir hier nur noch das ⌊Abstractum der Pflicht, das Gute überhaupt ist Pflicht.⌉ ⌊Sie ist als mein eigener 15 Begriff Bestimmungsgrund für mich.-⌉ ⌊Kein besonderer Inhalt, nicht mein Wohl etc. soll mich bestimmen.⌉ ⌊Das Gute ist das Höhere.⌉ ⌊Ich verhalte mich in der 20 Pflicht nur zu mir selber.- Pflicht in diesem Sinne als Wahrheit des Willens ist eine Bestimmung,⌉ ⌊die der Mensch in sich selbst findet[,] kein Inhalt von außen.⌉

⌊Ho 416.24-25, Hen 102.30⌉

⌊Ho 416.30-32⌉

⌊Ho 417.15-18⌉

⌊Ho 417.20-22, RPh VI.477.1, Hen 103.3⌉
⌊Ho 417.32-418.1, RPh VI. 477.1- 2, Hen 103.3-4⌉
⌊Ho 418.5-6⌉
⌊Ho 418.15-18⌉

⌊Ho 418.32, 34-35⌉

RPh 130 (= RPh-Ilt 476 = RPh-Hm 119)
Noch zu § 133 gehörig:

25 ⌊Die Pflicht gehört in diesem Sinn wesentlich dem Denken an, indem der Mensch sich zum Allgemeinen des Willens verhält;⌉ und das In-

⌊Ho 419.10-15, Hen 103.12⌉

sich[-]fassen oder Erzeugen eines
2 Allgemeinen ist <u>Denken</u>.

§ 134
RPh 130 (= RPh-Ilt 476 = RPh-Hm 119-120)

Im Hegeltext unterstrichen: "<u>Recht</u> zu thun und für das <u>Wohl</u>".

Diese Antwort wird ungenügend
durch den ⟩Begriff des Guten selbst; ⟩Ho 421.5, 8⟨
5 denn diese beiden Sphären sind beschränkt und bedingt.⟨

§ 135
RPh 130 (= RPh-Ilt 478 = RPh-Hm 120)

Im Hegeltext unterstrichen: "<u>die abstracte Allgemeinheit, hat die inhaltslose Identität</u>".

Die Pflicht ist in diesem Sinne die
einfache Beziehung auf sich selbst,
⟩Identität mit sich.⟨ Diese abstracte   ⟩Ho 422.13, RPh VI.479.1-2, Hen
10 Allgemeinheit ist hier zunächst die   104.30-32, Gr 356.17-20⟨
Bestimmung der Pflicht, ⟩die Beson-   ⟩Ho 422.9-11, Gr 356.29-30⟨
derung fehlt diesem Standpuncte.⟨

⟩Insofern schon Grundsätze vorhan-   ⟩Ho 422.16-21, Hen 105.3-6, Gr
15 den sind[,] ist die Kantische Bestim-   357.2-10, 33-358.2⟨
mung richtig. Der besondere Fall ist
zu subsumiren unter eine solche all-
gemeine Bestimmung.⟨ ⟩Diese Sub-   ⟩Ho 422.34-423.2, Gr 357.11-12⟨
sumtion ist Sache des Verstandes.⟨
20 ⟩Hier ist aber noch nicht von der   ⟩Ho 423.11-15⟨
Anwendung sondern von dem
Grundsatze selbst, von einem Inhalt
die Rede.⟨ ⟩Solche Grundsätze sind   ⟩Ho 423.15-22, Gr 358.29-31⟨

ein vorausgesetzter Inhalt. Setze ich keinen solchen allgemeinen Zweck voraus, so entsteht kein Widerspruch,⟨ also kein ⟩Kriterium⟨ für ⟩Ho 423.29⟨
5 die Pflicht. ⟩Die formelle Identität ⟩Ho 423.34-35, Gr 359.5-7⟨
auf diesem Standpuncte bestimmt nichts.⟨ ⟩Die Pflicht hat auf diesem ⟩Ho 424.1-2, 4-5, Gr 360.11-15⟨
Standpuncte auch keine Bestimmung. Es fragt sich, wohin fällt das
10 Bestimmende?⟨

§ 136
RPh 132 (= RPh-Ilt 482 = RPh-Hm 121)

Im Hegeltext unterstrichen: "<u>absolute Gewißheit ihrer selbst</u>".

⟩In dem Objectiven, das wir das ⟩Ho 424.31-33, RPh VI.483.14⟨
Gute nennen, ist das Bestimmungsloses,⟨ Abstracte; ⟩die Bestimmung ⟩Ho 424.23-24, RPh VI.483.13
muß auf die subjective Seite fallen.⟨ Hen 105.30-31, Gr 360.25-26, Wa
15 Pflicht, Tugend haben noch keine 86.29f., Hom 245.23f.⟨
Bestimmung in sich und sind bloß
formell. ⟩Die Subjectivität[,] das ⟩Ho 425.29-426.1, RPh VI.483.2-
Wissen, die Gewißheit, als bestim- 4, 10, Gr 361.2, Wa 86.30-32, Hom
mend in sich, nennen wir[,] insofern 245.25-28⟨
20 es einen auf das Gute bezüglichen
Inhalt hat, das <u>Gewissen</u>.⟨ Dies ist
der Standpunct der ⟩tiefsten Inner- ⟩Ho 426.5-7, Hom 246.2⟨
lichkeit,⟨ ⟩Standpunct der <u>modernen</u> ⟩Ho 426.12-13, 18-19⟨
<u>Welt</u>[.]⟨ Der Mensch ist einsam mit
25 sich selbst. Alles Äußerliche, Endliche ist verschwunden. ⟩In seinem ⟩Gr 361.18, Wa 86.33f.⟨
Gewissen ist der Mensch unabhängig. Es ist keine Naturbestimmung
30 darin, keine Neigung etc. Darum abstrahirt der Mensch und ist ganz

einfach nur bei sich selbst.⟩ ⟨Im Ge- ⟩Ho 426.29-427.8, Gr 361.24-27
wissen weiß ich mich als das Den-
kende in Beziehung auf den Willen
und zugleich, daß dies mein Denken
5 allein das Verpflichtende für mich
ist,⟩ woneben es keine Autorität gibt.

§ 137
RPh 132 (= RPh-Ilt 484 = RPh-Hm 137-138)

Im Hegeltext unterstrichen: "Das <u>wahrhafte Gewissen</u> ist die Gesinnung, das, was an <u>und für sich gut ist</u>".

<u>Wahrhaftes</u> und <u>falsches</u> Gewissen.
⟩Das wahrhafte Gewissen ist nicht   ⟩Ho 427.16-18, RPh V.485.2⟨
bloß Gewißheit, sondern auch <u>wahr</u>.⟨
10 ⟩Nicht um der Form willen allein ist[1]   ⟩Ho 427.23-26, RPh VI.485.2⟨
das Gewissen schon das wahrhafte.⟨

§ 140
RPh 145 (= RPh-Ilt 516 = RPh-Hm 132-133)

Neben "e)":

⟩So gäbe es kein an und für sich   ⟩Ho 463.17-18, 26-27⟨
Rechtes, bei dessen Bestehen die
subjective Einsicht nur die beim
15 Handeln hinzukommende Form ist.⟨
⟩Hier wird in diese subjective Form   ⟩Ho 464.19-21, Gr 384.7-9⟨
meiner Überzeugung das Kriterium
der Moralität einer Handlung ge-
legt.-⟨ ⟩Man nennt dies also die   ⟩Ho 464.30-465.5, Hen 115.16-18,
20 Überzeugung, oder auch die Gesin-   Gr 384.33-34⟨
nung. Auf diesem Standpunct fällt

---

[1] Heyse: allein, ist

⟩das Böse weg, indem die Objectivi-
2 tät des Guten aufgehoben ist.⟨

RPh 148 (= RPh-Ilt 520, 522 = RPh-Hm 135)

⟩Daß die Gesinnung zugleich den   ⟩Ho 466.9-16⟨
höchsten Werth habe, und doch zu-
5 gleich dem Irrthum unterworfen, also
willkührlich ist, ist ein offenbarer
Widerspruch.⟨

RPh 149 (= RPh-Ilt 524, 526 = RPh-Hm 136)

Zu "f)":

⟩Das Bewußtseyn der Herrschaft   ⟩Ho 466.19-22, RPh V.525.3-4,
meiner Subjectivität über die Hand-   Hen 115.31-116.1, Gr 389.23-27⟨
10 lung ist die <u>Ironie</u>.⟨ ⟩Dieser Stand-   ⟩Ho 467.9-12, Gr 389.31 (Schle-
punct ist eigentlich aus der Fichte-   gel)⟨
schen Philosophie hervorgegangen,
wo Ich, das Subjective, als das Absolute ausgesprochen ward,⟨ von
15 dem Alles Andere als davon Erzeug-
tes ausgeht. Auf diesem Standpunct
⟩bin ich Herr und Meister von allem   ⟩Ho 467.26-468.8, RPh V.525.3,
Sittlichen, von der Gottheit selbst   Gr 389.24-25, 29⟨
etc.; und selbst in dem Anerkennen
20 habe ich die Gewißheit, daß es mit
diesem Anerkennen selbst nicht
Ernst ist.⟨

RPh 151 (= RPh-Ilt 528 = RPh-Hm 138)

Im Hegeltext unterstrichen: "<u>aufgespreitzter reiner Schurken und Verbrecher</u> ... Tragödie, <u>der Schuld</u>".

**§§ 150-152, 158, 159, 164
RPh 162-163, 166, 170 (= RPh-Ilt 562, 564, 568, 576, 590 = RPh-Hm 146-147, 149, 152)**

Unterstreichungen und Randstriche von anderer Hand mit rotem Farbstift.

**§ 174
RPh 178 (= RPh-Ilt 608 = RPh-Hm 158)**

⟩Die Zucht soll den natürlichen Willen des Kindes brechen⟨, und den vernünftigen Willen (der Eltern) an die Stelle setzen. ⟩Der Mensch muß
5 gehorchen lernen, sich nach einem allgemeinen Willen richten, nach Regel und Gesetz.⟨ ⟩Das Kind hat selbst das Gefühl seiner Unterordnung in sich.-⟨ Vernichtet man das
10 ⟩Gefühl von dem Negativen⟨ ihres Zustandes, so setzt man ihnen in den Kopf, sie seyen schon, was sie sollten. ⟩Den Kindern die Sache spielend beibringen, heißt sich kindisch
15 machen, und so den Respect verlieren. So werden die Kinder eigensinnig, kraftlos. Der höchste Eigenwille ist die Kraftlosigkeit für das Vernünftige.⟨

⟩Ho 551.18-20, RPh V.609.4-5, Hen 143.23-25, Gr 457.17-20, Wa 105.17-19, 106.7-8, 15f.⟨

⟩Ho 552.25-28, Gr 457.22-24⟨

⟩Ho 552.9-12, RPh V.609.13, Hen 144.18-19, Wa 106.15⟨

⟩Wa 106.12f.⟨

⟩Ho 553.14-19, Hen 144.26-28⟨

**§ 175
RPh 179 (= RPh-Ilt 610 = RPh-Hm 158)**

Im Hegeltext unterstrichen: "positive Bestimmung, daß".

20 ⟩Das Vernünftige[,] was dem Menschen von den Eltern kommt, muß

⟩Ho 554.5-8 Gr 459.29-32, 460.4-5⟨

29

zur Empfindung werden.⟩ Es ist daher sehr wichtig, daß ⟨Kinder von Eltern erzogen werden,⟩ ⟨besonders der Mutter. Mutterliebe ist das größ-
5 te Nahrungsmittel für den Charakter.⟩

⟨Wa 106.36f.⟩
⟨Ho 554.9-10, RPh VI.611.11, Gr 460.11-13⟩

RPh 179 (= RPh-Ilt 612 = RPh-Hm 159)

Am Rand Bleistriftstrich bei Hegeltext: "Die spielende Pädagogik ... Form herab".

§ 176
RPh 180 (= RPh-Ilt 612 = RPh-Hm 159)

Im Hegeltext unterstrichen: "der <u>subjectiven Gesinnung</u> und <u>Empfindung</u> hat, so liegt darin die erste <u>Zufälligkeit</u> ihrer <u>Existenz</u> ... eine <u>dritte sittliche Autorität</u>".

⟨Die religiöse Autorität muß hier besonders eintreten.⟩ ⟨Die Eheschei-
9 dung ist nichts bloß Bürgerliches.⟩

⟨Ho 555.8, RPh V.613.14, Gr 462.19-20⟩.⟨Ho 555.22-24⟩

§ 178
RPh 181 (= RPh-Ilt 614 = RPh-Hm 160)

10 ⟨Die Erben erhalten kein fremdes Vermögen. Sie haben es schon, und treten nur in dem Eigenthumsbesitz die Disposition darüber an.⟩ ⟨Das Vermögen der Eltern ist und bleibt
15 Familien-Gut.⟩

⟨Ho 555.33-556.3, Hen 145.13-15, Wa 103.44-45, Hom 256.10f.⟩

⟨Ho 556.24-25, RPh V.615.4-5⟩

Am Rand neben Hegeltext "- ein Eintreten, das ..." Einfügungshäkchen ⌈, dann

30

| ⟩Enge Freundschaft, geistiger Zusammenhang ist eine wichtigere Verbindung als bloß entfernte Bluts-Verwandschaft.⟨ ⟩Die Gesinnung der Einheit verliert sich da mehr und mehr, die doch den Haupt-Zusammenhang ausmachen soll.-⟨ ⟩Die eigentliche Familie ist Eltern und Kinder. Geschwister werden sogleich selbständig gegen einander.⟨ | Ho 557.8-11⟨
⟩Ho 557.15-18, Hom 256.12f.⟨
⟩Ho 557.22-26⟨ |

(line numbers: 5, 10)

§ 179
RPh 182 (= RPh-Ilt 618 = RPh-Hm 161)

Im Hegeltext unterstrichen: "so viele Zufälligkeit, Willkühr".

| ⟩Unter Blutsverwandten ist eine Communität vorhanden, ebenso aber unter Freunden. Das Testament bestimmt nun, welcher Familie <der> ich mein Vermögen legire, sei es natürliche Familie oder Familie des Gemüths⟨ ⟩(amicis omnia communia).⟨ ⟩Das Testament ist die Erklärung, wer zu meiner Familie gehört.⟨ ⟩Die Zuneigung aber ist ein Willkührliches, Zufälliges, was erschlichen werden kann.⟨ ⟩So war bei den Römern dies die Quelle der sittlichen Corruption.⟨ | ⟩Ho 560.2-12, Hen 146.3-7, Gr 467.8-14⟨

⟩Ho 561.3, RPh V.619.2⟨
⟩Ho 561.15-18, Hen 146.7-9, Gr 467.11-14⟨
⟩Ho 561.29-32, Hen 146.13-17, Gr 467.30⟨
⟩Ho 562.2-6, Hen 146.19-21, Gr 467.31-33, Wa 104.26f.⟨ |

(line numbers: 15, 20)

§ 180
RPh 182 (= RPh-Ilt 620 = RPh-Hm 161)

| ⟩Die Kinder sollen selbständig, unabhängig werden, aus der Familie | ⟩Ho 558.26-559.6, Hen 145.26-146.3, Wa 106.4-6, 107.4-7, Hom |

(line number: 25)

herausgehen. Der Familienzusammenhang ist nicht der letzte[.] Um dieser Bestimmung willen kann auch innerhalb der Familie etwas von der
5 Willkühr der Disposition über das Vermögen eintreten. Diese Willkür muß aber dadurch beschränkt werden, daß die Familie ein substantielles Ganzes ist.-⟨ ⟩Auch bei Enter-
10 bung muß dem Kind ein Pflichttheil bleiben.⟨

⟩257.16-17⟨

⟩Ho 559.15-17, Hen 146.3-4, Wa 104.9⟨

§ 181
RPh 185 (= RPh-Ilt 628 = RPh-Hm 164)

⟩Die Menschen sind bestimmt, mündig, selbständig zu werden. Damit entstehen viele Familien.⟨ (Im patri-
15 archalischen Verhältniß bleiben alle unmündig).

⟩Ho 562.15-19, Hen 146.28-29, Wa 108.2, Hom 257.36⟨

RPh 186 (= RPh-Ilt 628, 630 = RPh-Hm 164)

⟩Die Besonderheit der Familie ist Grundbedingung, der Zusammenhang ist nur ein äußerer; ein Bedingtes; äußerlich Allgemeines; ein Noth-
20 wendiges, nicht ein Freies.⟨ ⟩Sittliches beruht auf dem substantiellen Zusammenhang, daß das Göttliche, die Pflicht, das Erste sei, diese
25 Einheit das Bewegende, Bestimmende. Hier aber tritt <u>das Besondere</u> als das erste für mich Bestimmende hervor.⟨ Das Besondere aber kann nicht

⟩Ho 563.10-15, Gr 470.12-13⟨

⟩Ho 564.1-8⟨

in Wahrheit das absolut Bestimmende seyn. ⸥Das <u>Allgemeine</u> bleibt immer <u>an sich</u> das Bestimmende. Dies macht die Form der Nothwendigkeit
5 aus.⸤ ⸥Ich befinde mich hier auf der Stufe des Scheins. Das Allgemeine setze ich zu einem Mittel herunter für meine Besonderheit.⸤

⸥Ho 564.16-20⸤

⸥Ho 564.22-26⸤

Vor § 182
Zur Kapitelüberschrift "Zweyter Abschnitt. Die bürgerliche Gesellschaft" RPh 187 (= RPh-Ilt 633 = RPh-Hm 165):

⸥Die bürgerliche Gesellschaft ist die
10 Stufe der Differenz⸤ überhaupt[:]
⸥die Familie, der Staat der Liebe; dem gegenüber der Staat selbst.⸤
⸥Zwischen beiden liegt die bürgerliche Gesellschaft. Die ausgebildete
15 Gestalt derselben ist eine Stufe der neuen Zeit. Der äußerlichen Existenz nach in der Welt ist der Staat früher, als die bürgerliche Gesellschaft. Eine bürgerliche Gesellschaft für sich
20 kann es nicht geben, weil sie nicht ein wahrhaft Sittliches, Selbständiges ist.⸤ Sie bedarf ein Höheres, Solideres, auf dem sie beruht. Die Ausbildung der bürgerlichen Gesellschaft
25 ⸥gehört der modernen Zeit an.- Daß alle Momente[,] die in der Idee liegen, ausgebildet und dadurch selbständig werden, dies ist nothwendig.⸤ ⸥Alle Fähigkeiten des Indivi-
30 duums auszubilden, wäre ein unsinniges Unternehmen.⸤

⸥Ho 565.7-8⸤

⸥Ho 565.9-11⸤

⸥Ho 565.16-22⸤

⸥Ho 565.22-25

⸥Ho 565.27-29

3 ⟩Polizei hält die bürgerliche Gesellschaft (als äußerlichen Noth-Staat) in Ordnung.⟨ ⟩Ho 566.13-18⟨

§ 182
RPh 187 (= RPh-Ilt 633 = RPh-Hm 165)

5 ⟩Die besondere Person erreicht ihre Zwecke vermittelt durch die aller Andern.⟨ ⟩Dies macht die Form der Allgemeinheit, wodurch das Besondere sich beschränken muß.⟨ ⟩Jeder ist sich der Zweck; diesen kann er 10 aber ohne Beziehung auf andere nicht erreichen. Diese Gesammtheit der Andern, das Verhältniß macht die Mittel für den Zweck des Einzelnen aus.⟨ ⟩Es ist die Sphäre der Vermitt15 lung, das Besondere giebt sich die Form der Allgemeinheit.⟨ Allein das Allgemeine ist nicht substantieller Zweck. Daher ist es nicht die Sphäre der Sittlichkeit. ⟩Hier hat das Wohl 20 und das formelle Recht seinen Sitz.⟨ ⟩Diese Momente erscheinen hier in ihrer Realität und Nothwendigkeit.⟨

⟩Ho 566.29-33, Gr 472.29-31, Hom 258.8ff.⟨
⟩Ho 566.33-35, Gr 473.1-2⟨
⟩Ho 567.5-12, Hen 147.16-17, 25-30, Gr 473.2-3, Wa 108.32-33⟨

⟩Ho 567.23-28, Hen 147.31, Wa 109.5f.⟨

⟩Ho 568.26-28⟨

⟩Ho 568.33-569.1, 3-4⟨

§ 184
RPh 188 (= RPh-Ilt 634 = RPh-Hm 165)

Im Hegeltext unterstrichen: "und der Allgemeinheit ... und nothwendige Form der Besonderheit, so wie sie als die Macht über sie und ihren letzten Zweck ... das System der in ihre Extreme verlornen Sittlichkeit".

23 ⟩Es ist keine absolute Einheit wie im ⟩Ho 571.4-5, Gr 474.14-18⟨

⟩Begriff der Sittlichkeit. Die Momente gelangen für sich zu ihrem Rechte.⟨ ⟩Das Allgemeine ist das Verständige, Beschränkende, das Maaß.
5 ⟩Die Momente der Idee der Sittlichkeit treten aus einander und stehen in nothwendiger Beziehung auf einander.⟨ ⟩Ho 571.21-24, Gr 474.25-26⟨

Im Hegeltext unterstrichen: "innere Nothwendigkeit", dann Einfügungshäkchen ⌈.

⌈⟩Nothwendigkeit ist, wo zwei Momente, beide als selbständig erscheinend, dennoch <nur> jedes nur durch die Identität mit dem andern ist[.]⟨ ⟩Ho 572.21-25⟨

§ 185
RPh 188 (= RPh-Ilt 634 = RPh-Hm 166)

⟩Der Kreis der Bedürfnisse ist hier nicht, wie im Thierischen durch den Instinct bestimmt.-⟨ ⟩Die Wirksamkeit der Reflexion treibt die Besonderheit über die Schranken hinaus: Unersättlichkeit der Begier, Willkühr, Meinung ohne Maaß. Auf der
20 anderen Seite ist auch die Noth ein Maaßloses;⟨ ⟩diese beiden Extreme zeigen sich in der bürgerlichen Gesellschaft.⟨ ⟩Von diesem Zustand der Gesellschaft lassen sich traurige Ge-
25 mälde machen. Wo es aber so weit kommt, ist der Staat selbst mangelhaft und krank.⟨

⟩Ho 576.5-7⟨

⟩Ho 576.11-13, Gr 475.30-476.1, 477.2-5⟨

⟩Ho 576.4-577.2, Gr 477.20⟨

⟩Ho 577.16-21⟨

35

RPh 189 (= RPh-Ilt 635 = RPh-Hm 166-167)

⟩Plato wollte in seinem Staate das Princip der Besonderheit nicht aufkommen lassen.⟨ Daher statuirt er ⟩kein Privat-Eigenthum, keine ge-
5 schlossene Familie, die gegen andere ein Besonderes ist.⟨ ⟩Auf diese Weise aber ist nicht zu helfen; denn so würde dem großen, unendlichen Rechte der Idee Eintrag <th> ge-
10 schehen, die nicht bloß als sittliche Idee seyn,⟨ sondern sich auch entfalten will in ihre Bestimmung.

⟩Ho 577.26, 29-30, Hen 149.26-29, Gr 478.4-6⟨

⟩Ho 578.9-11, Hen 149.29-30, Gr 478.23-26⟨
⟩Ho 578.15-21⟨

§ 186
RPh 190 (= RPh-Ilt 636 = RPh-Hm 167)

Im Hegeltext unterstrichen: "daß das Besondere sich zur Form der Allgemeinheit erhebe".

Es tritt hier ⟩die Bildung hervor, indem das Besondere die Form der All-
15 gemeinheit erhält.⟨ Auch ⟩die besonderen Zwecke müssen sich die Form der Allgemeinheit geben.⟨ ⟩Das Allgemeine ist die Mäßigung des Besonderen, die Form des Maaßes, das
20 an das Besondere kommt.⟨

⟩Ho 579.21-22⟨

⟩Ho 579.26-28, Gr 481.10⟨

⟩Ho 579.31-34⟨

§ 187
RPh 190 (= RPh-Ilt 636-637 = RPh-Hm 167)

Im Hegeltext "insofern sie selbst ihr Willen" ist "Willen" durchgestrichen und am Rand verbessert:

21 Wissen

Im Hegeltext unterstrichen: "dieses Staates Privatpersonen ... zur formellen Freyheit und formellen Allgemeinheit".

⟩(Bourgeois, Bürger als Privatperson eines Gemeinwesens, das das besondere Interesse zum Inhalt und Zweck hat, wie er selbst als Mitglied eines
5 solchen Gemeinwesens citoyen, politischer Bürger, Mitglied des Staates)[.]⟨ Hier sind die Bürger Privatpersonen. Öffentliches Leben ist noch nicht vorhanden.- ⟩Im späten
10 Römischen despotischen Staat sind die Bürger von öffentlichen zu Privatpersonen herabgesunken.- Nur durch Vermittlung durch das Allgemeine erreicht das Individuum seinen
15 Privat-Zweck.⟨ ⟩Zweck der Idee in dieser Sphäre ist[,] daß die Subjectivität in ihrer Besonderheit gebildet wird, das heißt, die Form allgemeiner Bestimmungen erhält.⟨ ⟩Ein gebilde-
20 ter Mensch zeigt nicht seine Particularität.- Der ungebildete Mensch läßt sich gehen und richtet sich nicht nach der Qualität der Dinge, Personen etc., zu denen er sich verhält; der
25 gebildete richtet sich nach der Qualität des Gegenstandes und benimmt sich danach.⟨

⟩Ho 580.12-20, Wa 110.36⟨

⟩Ho 580.25-32, Gr 482.30-483.3, Wa 110.36f., 46-111.2⟨

⟩Ho 581.32-582.5, Wa 110.38-43⟨

⟩Ho 582.8-24, Gr 484.11-21⟨

RPh 191 (= RPh-Ilt 637-638 = RPh-Hm 168)

⟩Gebildete Menschen haben eine gewisse Ähnlichkeit in ihrem Beneh-
30 men.⟨ ⟩Wahrhafte Originalität⟨ kann

⟩Ho 582.8-12⟨

⟩Ho 583.20-25, Hom 259.25-26

37

darunter nicht leiden: sie kann selbst
nur mit der Bildung bestehen[,] denn
sie ⟩ist producirend, und das ächte   ⟩Ho 583.20-25, Hom.259.25-26⟨
Wahre und Schöne ist eben das, wo-
rin die Sache selbst liegt, nichts bloß
5 Subjectives.⟨ ⟩Die Sache ist das All-   ⟩Ho 583.31-35⟨
gemeine überhaupt in dieser oder
jener Form und Bestimmung.- Die
falsche Originalität der Besonderheit
aber geht freilich zu Grunde.-⟨ ⟩Die   ⟩Ho 584.15-19, Hen 148.22-24⟨
10 Form der Allgemeinheit ist zugleich
nothwendige Bedingung für das
Wahrhafte.⟨

§ 189
RPh 194 (= RPh-Ilt 640-641 = RPh-Hm 170)

Im Hegeltext unterstrichen: "Die Staats-Oekonomie ist".

⟩In der Besonderheit und Eigen-   ⟩Ho 587.3-4, 6-8, 10-15, 19-20, Hen
thümlichkeit macht sich zugleich et-   152.21-24, Gr 487.9-13, 17-20, Wa
15 was Nothwendiges, Allgemeines   111.20-21, 25-31⟨
[bemerkbar]. Die Willkür und Zu-
fälligkeit ist nur Schein. Durch ge-
genseitige Abhängigkeit gründet sich
eine Nothwendigkeit und Gesetz, die
20 die Staats-Ökonomie betrachtet.⟨
⟩Die Masse an Besonderheiten grup-   ⟩Ho 587.23-24, 29-32, Hen 152.20-
pirt sich in besondere Sphären, die   21⟨
wieder in unsichtbarem Zusammenhang stehen.⟨

§ 190
RPh 195 (= RPh-Ilt 641-642 = RPh-Hm 170-171)

25 ⟩Das Thier ist ein particuläres mit   ⟩Ho 588.29-32, Hen 153.3-5, Gr

bestimmtem Naturtrieb und mehr oder weniger beschränkten Bedürfnissen und Mitteln zu deren Befriedigung.-⟨ ⟩Der Mensch ist zu mehrer Arbeit und Bemühung genöthigt, als das Thier.⟨ Er muß ⟨seine⟩ die Mittel zur Befriedigung seiner Bedürfnisse sich erst ⟩formiren. Darin liegt die geistige Ehre⟨ des Menschen. ⟩Der Mensch faßt und fixirt die Unterschiede in der Natur der Mittel, vermöge des Verstandes. Er zerlegt das allgemeine Bedürfniß in verschiedene Theile (zum Beispiel verschiedene Theile der Bekleidung für die einzelnen Körpertheile)[.] So werden die Bedürfnisse particularisirt und abstract.⟨ ⟩Die <u>Meinung</u> knüpft sich daran, legt in <u>eine</u> Weise einen Vorzug vor Andern, und particularisirt die Bedürfnisse weiter.⟨

⟩Natürliche Menschen haben aber so viele concrete Bedürfnisse, wie die feineren Menschen, die nur jene in viele besondere, abstracte Bedürfnisse zertheilen.⟨

488.28-29, Wa 112.3, Hom 260.3⟨

⟩Ho 590.8-10⟨

⟩Ho 590.14-16⟨

⟩Ho 590.24-591.11, Hen 153.7-10, Gr 489.6-13, 22-23, Wa 112.3, 5-9, Hom 260.3, 5-8⟨

⟩Ho 591.19-22, 31-32, Hen 155.19-21⟨

⟩Ho 592.1-5

§ 191
RPh 195 (= RPh-Ilt 642 = RPh-Hm 171)

⟩Ein <u>verfeinerter</u> Mensch macht große Unterschiede in Hinsicht der Mittel zur Befriedigung eines Bedürfnisses.⟨ ⟩Darin besteht die Freiheit.⟨

⟩Ho 593.2-4, Hen 154.13ff., Gr 490.4-6⟨

⟩Hen 155.30⟨

Die Engländer ⟩sind unerschöpflich in Erfindung solcher Dinge, die sie <u>comfortabel</u> nennen. Jedes Mittel führt aber wieder eine Unbequem-
5 lichkeit mit sich, für die wieder ein Mittel gefunden werden muß, und so ins Unendliche[.]⟨   ⟩Ho 593.8-14, Wa 112.28-30⟨

§ 192
RPh 196 (= RPh-Ilt 642 = RPh-Hm 171)

Im Hegeltext unterstrichen: "dies <u>Allgemeinheit</u> als".

⟩Die Befriedigung der Bedürfnisse ist in geselligem Zustande bedingt
10 durch die Befriedigung der Bedürfnisse Anderer. In Allem, was die Menschen für sich thun, müssen sie sich zugleich nach Andern richten. Dadurch kommt die Form der <u>All-
15 gemeinheit</u> hinein.⟨ ⟩Ich muß mich nach den vorhandenen Mitteln zur Befriedigung meiner Bedürfnisse richten, und zugleich [die]¹ Mittel bereiten, die den Bedürfnissen der
20 Anderen angemessen sind. Alles Particuläre wird zugleich ein Gesellschaftliches.⟨ ⟩Die Art sich zu kleiden, die Zeit zum Essen etc. ist etwas, worin man sich billig nach
25 dem Herkömmlichen richtet, weil es nicht der Mühe werth ist, in solche Dinge einen besonderen Willen zu legen.⟨

⟩Ho 594.13-20, 595.1-4, Hen 155. 5-6, Gr 490.24-26, Hom 260.34-35⟨

⟩Ho 595.7-12, 15-16, Gr 491.12-17, Wa 113.22-27⟨

⟩Ho 595.16-17, 19-24, Hen 155.12-15, Wa 113.41-42, Hom 261.10f.⟨

---

¹ Heyse: zugleich ihre

§ 193
RPh 196 (= RPh-Ilt 643 = RPh-Hm 171-172)

Im Hegeltext unterstrichen: "die Forderung der Gleichheit mit den andern ... die Nachahmung, wie ... eine Auszeichnung".

§ 194
RPh 196 (= RPh-Ilt 643 = RPh-Hm 172)

Im Hegeltext unterstrichen: "der Vorstellung ...einer allgemeinen Meynung".

⟩Der Naturnothwendigkeit wird das Bedürfniß aus der Hand gespielt, und das Bedürfniß wird Sache der Vorstellung und der Meinung.⟨ ⟩Hierin
5 liegt eine Seite der Befreiung. Es macht dem Menschen keine Schande, über das natürliche Bedürfniß hinauszugehen, sich künstliche Bedürfnisse zu machen. Darin hat der
10 Mensch das Gefühl seiner Freiheit, das Gefühl, daß er von sich abhängt. Auch diese Nothwendigkeit drückt dem Menschen das Siegel seiner Freiheit auf.⟨

⟩Ho 596.28-33, Hen 155.22-23, Gr 492.6-11⟨

⟩Ho 597.23-32, Hen 155.23-25⟨

RPh 197 (= RPh-Ilt 643-644 = RPh-Hm 172)

15 ⟩Von der Natur abhängig seyn ist: unfrei sein; von seiner Meinung abhängen, ist eine Weise der Freiheit.⟨

⟩Ho 597.33-35, Hen 155.30-32⟨

§ 195
RPh 197 (= RPh-Ilt 644 = RPh-Hm 172-173)

Im Hegeltext ist in "ungebildetem Bedürfnisse" "un" durchgestrichen und am Rand durch

1   ein

verbessert und unterstrichen: "Befreyung ist formell ... Vermehrung der Abhängigkeit und Noth".

⟩Der Luxus ist der Zustand der nur unendlich vervielfältigten Bedürfnisse.⟨ ⟩Es ist zwischen natürlichen und
5   eingebildeten Bedürfnissen beim Menschen keine Grenze.⟨ (Vgl. ⟩Diogenes' Wassertrinken mit dem Topf und dann mit der hohlen Hand. Diogenes ist nur ein Product des ge-
10   sellschaftlichen Lebens zu Athen gewesen. Sein Treiben war gegen die Meinung gerichtet. Es war ein gewaltsames, bedingtes, nicht ein unabhängiges: Es ist auch eine Weise
15   des Luxus[)].⟨

⟩Ho 598.21-22, Gr 493.2, Wa 115.6, Hom 261.16f.⟨
⟩Ho 598.30-32, Gr 493.12-13, Wa 115.6-7, Hom 261.17-19⟨

⟩Ho 598.32-599.11, Gr 493.23-25, Hom 261.11-13⟨

RPh 198 (= RPh-Ilt 644 = RPh-Hm 173)

⟩Mit dem größten Luxus ist unmittelbar die größte Noth verbunden, und
18   Verworfenheit. (So in England).⟨

⟩Ho 599.23-25, 27, 29f., Gr 494.2-7, 20-23, Wa 115.9-10, Hom 261.19f.⟨

§ 196
RPh 198 (= RPh-Ilt 644-645 = RPh-Hm 173)

19   ⟩Es giebt nichts Unmittelbares

⟩Ho 601.11-12, Hen 156.10-11, Gr

mehr[,] was man genießen kann, oder sehr Weniges.⟩ ⟨Die Besonderheiten der Bedürfnisse machen besondere Weisen in der Befriedigung der Bedürfnisse nöthig. Die Mittel müssen particularisirt, von Menschen formirt werden.⟩ So ⟨verzehrt der Mensch menschliche Productionen.⟩

496.15-16⟩
⟨Ho 601.8-10, 23-25, Hen 156.4-10, Gr 496.23-24⟩

⟨Ho 601.27-28, Hen 156.12-14⟩

§ 197
RPh 198 (= RPh-Ilt 645 = RPh-Hm 173)

Im Hegeltext unterstrichen und Einfügungshäkchen: "der <u>interessirenden Bestimmungen</u>".

⟨Ein Gegenstand <u>interessirt</u>, insofern man in sich schon die Gesichtspuncte hat, auf die es ankommt.

Im Hegeltext unterstrichen: "sich die <u>theoretische Bildung</u> ... Die praktische Bildung".

⟨Barbaren unterscheiden sich von gebildeten Menschen durch die Faulheit, Versinken in Stumpfheit⟩ und ganz allgemeines Selbstbewußtseyn. ⟨In dem <u>Beschränken</u> des Thuns liegt eine Aufmerksamkeit auf diesem Thun,⟩ wodurch dieses seine Rohheit verliert. ⟨Der Mensch wird dadurch Meister über sein Thun.⟩ ⟨Die Meisterschaft über die Thätigkeit ist die Geschicklichkeit.⟩ So wird die ⟨Thätigkeit ein Objectives, Formelles, bloß den Bestimmungen gemäß, die in der Natur der Sache liegen.⟩

⟨Ho 607.2-5, Hen 158.5, Gr 501.15-17, Wa 116.42⟩

⟨Ho 607.15-20⟩

⟨Ho 608.8-10, Hen 158.24⟩
⟨Ho 608.13-15⟩

⟨Ho 608.17-21⟩

§ 198
RPh 199 (= RPh-Ilt 645-646 = RPh-Hm 173-174)

Im Hegeltext unterstrichen: "die <u>Theilung der Arbeiten</u>".

⟩Theilung der Arbeiten ist in der neuen Staats-Ökonomie ein Hauptgegenstand.⟨ ⟩Ein concreter Gegenstand erfordert zu seiner Vollendung viele einzelne Thätigkeiten,⟨ die man vertheilt hat an verschiedene Arbeiter. ⟩Dies ist das große Princip der Fabriken in neueren Zeiten.⟨ ⟩Man zerlegt die concrete Arbeit in mehrere Thätigkeiten.⟨	⟩Ho 609.5-7⟨ ⟩Ho 609.11-13 ⟩Ho 609.32-33, Gr 502.6, Wa 118. 1⟨ ⟩Gr 502.18-19⟨
⟩Die Menschen werden dadurch um so fester an einander gebunden. Dadurch aber tritt wieder die Noth ein, wenn ein Mensch nur <u>eine</u> einzelne Art der Arbeit machen kann. Es bleibt kein Ausweg, auf andere Weise sein Brodt zu erwerben.⟨ ⟩Solche einseitige Geschicklichkeit steht einer vielseitigen geistigen Thätigkeit nach.⟨ ⟩Aus solcher Arbeit verliert sich das Geistige;⟨ ⟩der Mensch wird stumpf.⟨ ⟩Die Maschine reducirt eine Arbeit auf ihre einfache abstracte Weise[.]⟨	⟩Ho 610.13-20, Hen 159.13-15, Gr 503.1-5, Wa 118.12f., Hom 262. 11f.⟨ ⟩Ho 611.1-6⟨ ⟩Ho 611.33-612.1, Gr 503.7, 9, Hom 262.10⟨ ⟩Ho 611.31, Hen 159.12-13, Wa 118.12⟨ ⟩Ho 612.8, 10-12, Gr 503.11-12⟨

Lines numbered: 5, 10, 15, 20, 25.

§ 199
RPh 199 (= RPh-Ilt 646 = RPh-Hm 174)

Im Hegeltext unterstrichen: "die <u>subjective Selbstsucht</u> in den Beytrag zur <u>Befriedigung der Bedürfnisse Aller andern</u> um".

⟩Bloß selbstsüchtig zu seyn, ist in der menschlichen Gesellschaft nicht mehr verwerflich.⟨ ⟩Je mehr ein Mensch für sich verschwendet, desto
5 mehr befriedigt er die Bedürfnisse einer Menge Anderer.⟨ ⟩In dieser Verschlingung hängt alles zusammen, ein höchst verwickeltes Gewebe.⟨ ⟩In einer solchen gebildeten Ge-
10 sellschaft tritt an die Stelle des bloßen Almosengebens[1] eine andere Weise des Sorgens für einander,⟨ an sich mehr von eigennütziger Rücksicht ausgehend, auf der anderen Sei-
15 te ⟩moralischer, da jeder der eigenen Thätigkeit sein Brodt verdankt.⟨ ⟩An die Einnahme ist die Bedingung der Thätigkeit geknüpft.-⟨ ⟩Die Möglichkeit auf diesem Standpunct seine
20 Bedürfnisse zu befriedigen, ist hier auf menschlichem Boden:⟨ da sie auf dem des natürlichen Daseyns durch die vorhandenen Naturproducte entsteht. ⟩Die menschliche Freiheit
25 kommt hier hervor.⟨

⟩Ho 614.6-11⟨

⟩Ho 614.14, 18-19 Hen 160.10-12 Gr 504.19-21⟨

⟩Ho 614.35-615.2⟨

⟩Ho 615.9-13 Hen 160.20-22⟨

⟩Ho 615.20-23 Hen 160.26-28⟨
⟩Ho 615.18-31⟨

⟩Ho 617.17-20⟨

⟩Ho 617.21-23⟨

RPh 200 (= RPh-Ilt 646 = RPh-Hm 174)

⟩Man unterscheidet eine das allgemeine Vermögen vermehrende und vermindernde Consumtion.⟨ ⟩Ein Capitalist nimmt den Andern die
30 Arbeit ab, und was er ihnen dagegen giebt, ist nur Vermehrung des Tauschmittels, nicht des Vermögens

⟩Ho 618.14-19⟨

⟩Ho 618.27-30⟨

---
[1] Heyse: Almosengebens,

selbst, da es kein Product eigener
2 Arbeit ist.⟨

§ 203
RPh 201 (= RPh-Ilt 648 = RPh-Hm 176)

Im Hegeltext unterstrichen: "eine objective Formirung".

⟩Die eigene Thätigkeit ist hier das ⟩Ho 624.27-32, Wa 120.13ff., Hom
geringere Moment; was ich erlan- 262.29-30⟨
5 ge[,] verdanke ich größtentheils der
Natur.⟨

RPh 202 (= RPh-Ilt 648-649 = RPh-Hm 176)

Im Hegeltext unterstrichen: "und damit ausschließendes Privat-Eigenthum".

Anderes ⟩Privat-Eigenthum, was ich ⟩Ho 627.8-14⟨
in unmittelbarem Besitz habe,⟨ wie
Kleidung, Wasser, ⟩Haus, bedarf kei- ⟩Ho 627.8-14⟨
10 ner so ausdrücklichen Gesetzgebung.
Daß dies mein Eigenthum, ist unmit-
telbar an der Form kennbar.⟨ ⟩Grund ⟩Ho 627.18-21 Wa 120.7-8⟨
und Boden kann ich nicht so in Be-
sitz nehmen. Ich formire sie und
15 schließe dadurch andere von der Benutzung meines Theiles aus.⟨ ⟩Das ⟩Ho 627.32-628.1⟨
bedarf einer ausdrücklichen Festset-
zung.⟨ ⟩Privatbesitz von Grund und ⟩Gr 515.16-17 Wa 120.8-10⟨
Boden führt unmittelbar zum Gesetz
20 und einem rechtlichen Zustand.⟨

§ 204
RPh 203 (= RPh-Ilt 650 = RPh-Hm 177)

Hier ist mein Verstand, meine Thätigkeit wesentliche Bestimmung. ⟩Die Familie des Landbauers kann sich mehr in sich abschließen.-⟨ ⟩Hier ist nothwendig Abhängigkeit von Andern und Vermittlung⟨ mit den Bedürfnissen Anderer. ⟩Recht und Persönlichkeit geht vornehmlich in diesem Stand auf. Das Individuum ist an sich gewiesen,⟨ muß sich auf sich selbst verlassen. Daher ⟩das Gefühl und Bewußtseyn der Selbständigkeit, was mit der Forderung eines rechtlichen Zustandes vornehmlich zusammenhängt.⟨

⟩Ho 628.31-34, 629.2-4⟨

⟩Ho 629.17-19, Wa 120.29-31, Hom 262.32⟨
⟩Ho 629.26-29, Hen 166.15-16⟨

⟩Ho 629.29-33, Hen 166.17-19, Wa 121.17-19⟨

§ 205
RPh 203 (= RPh-Ilt 650 = RPh-Hm 177)

⟩Diese Interessen gehen nicht auf Befriedigung particulärer Bedürfnisse sondern solcher des allgemeinen Zusammenhangs[.]⟨ ⟩Dies sind die 3 Stände, die sich von Seite des Bedürfnisses⟨ in der bürgerlichen Gesellschaft ⟩entwickeln.⟨

⟩Ho 632.26-31, Hen 166.29-31, Gr 521.14-15, 19-22, Wa 122. 31-32, Hom 262.34-35⟨

⟩Ho 632.34-633.2, Hen 167.3-4⟨

⟩Ho 632.34-633.2, Hen 167.3-4⟨

§ 206
RPh 204 (= RPh-Ilt 651 = RPh-Hm 178)

Im Hegeltext unterstrichen: "den Regenten, wie in dem platonischen Staate ... oder der bloßen Geburt, wie in den indischen Casten".

⟩Die allgemeine Nothwendigkeit muß sich individualisiren, einem jeden jener Zweige eine Partie von

⟩Ho 634.4-11, Hen 163.25-28, Gr 522.8-11, Wa 123.11-16⟨

Individuen zutheilen. Diese an sich nothwendige Zutheilung muß ihren Ursprung haben in der Willkür der Individuen.⟩ ⟨Dies ist eine sehr wichtige Bestimmung.⟩ ⟨Hierein setzt der Mensch vornehmlich seine subjective Freiheit.⟩

⟨Ho 634.25-26, Gr 523.3⟩
⟨Ho 634.23-25, Gr 522.12-13, 17-18, 20-21, Wa 123.16f., 26⟩

§ 207
RPh 205 (= RPh-Ilt 652-653 = RPh-Hm 179)

Die Particularität bildet sich zu nothwendiger Bestimmtheit. ⟨Das Individuum erreicht, wenn es sich einem Stande anschließt, eine Nothwendigkeit, eine Wesentlichkeit.⟩ ⟨Der Mensch muß einem Stande angehören. Sein Besonderes wird erst ein Gültiges durch die Form der Allgemeinheit.⟩ ⟨Man hält sich nicht für frei, wenn man einem¹ besonderen Stande angehört, und hält dies für eine Beschränkung und Gebundenheit[.] Dies ist eine Verwechselung von Bestimmungen. Jener freie Mensch ist eine bloße Privatperson. Eine solche steht aber nicht in wirklicher Allgemeinheit, die nur im Öffentlichen ist. Durch die Besonderheit des Standes wird der Mensch in ein allgemein-Gültiges[,] Anerkanntes erhoben.⟩ ⟨Die allgemeinen Interessen selbst können nur durch die Besonderung wirklich werden.⟩

⟨Ho 635.25-27, 34, Gr 524.11-12⟩

⟨Ho 636.3-7, Gr 525.2-3, Wa 123.37⟩

⟨Ho 637.9-16, 21-23, Gr 525.19-526.7⟩

⟨Ho 638.3-6⟩

---
¹ Heyse: keinem

§ 209
RPh 207 (= RPh-Ilt 653-654 = RPh-Hm 180)

⟩Durch das System der Bedürfnisse wird das Recht äußerlich nothwendig (durch den Schutz). In die Existenz kommt das Recht, weil es nützlich ist
5 für die Bedürfnisse⟨ (wiewohl dies nicht Zweck des Rechts an und für sich ist; dem gemeinen Bewußtseyn der ⟩Menschen gelten aber ihre particulären Bedürfnisse für das erste
10 und das Recht dann als Mittel)[.]⟨
⟩Die Sphäre des Particulären zieht das Recht aus seinem Begriffe hervor.⟨

⟩Ho 641.22-30, Gr 530.13-16⟨

⟩Ho 642.2-4⟨

⟩Ho 642.5-6, 8-10⟨

Im Hegeltext unterstrichen: "Bildung ... Form der Allgemeinheit"

⟩Ohne dies kann das Recht nicht zur
15 Existenz kommen.⟨ ⟩In der Besonderheit meines Ichs, in der nothwendigen Natürlichkeit muß ich Denkendes geworden seyn.⟨ ⟩Damit das Recht in der Weise des Gesetzes vor-
20 handen sei, dazu ist unumgänglich Bildung nöthig.⟨

⟩Gr 532.12-15⟨
⟩Ho 643.7-11⟨

⟩Ho 643.22-24, Gr 532.13-14⟨

§ 211
RPh 208 (= RPh-Ilt 654-655 = RPh-Hm 180-181)

Im Hegeltext unterstrichen in der Überschrift: "Das Recht als Gesetz", in § 211: "... Daseyn gesetzt".

Auch Thiere, ⟩Barbaren haben Gesetze (Natur-Gesetze, Gewohnheiten,
24 Sitten, Triebe), aber sie wissen sie

⟩Ho 645.16-19⟨

49

nicht.⟩ ⟨Das Recht <Gesetz> muß gewußt werden vom gebildeten Bewußtseyn; dadurch erhält das Recht erst sein Recht, indem es in der Form
5 der Allgemeinheit dasteht.⟩ ⟨So ist das Recht ein Gesetztes. Wie das Recht an sich bestimmt ist, so ist es dann auch im Bewußtseyn. Alle Besonderheiten des bloß gefühlten
10 Rechtes[,] alle subjectiven Interessen fallen weg, nur so hat es seine wahrhafte Bestimmung.⟩

⟨Gesetze, die bei der Anwendung
15 ohne Collision sein könnten, kann es nicht geben. Die Anwendung des Gesetzes auf den besonderen Fall wäre dann etwas ganz Maschinenmäßiges.⟩ ⟨Der Richter muß in dem con-
20 creten Falle die Gesetze vereinbaren nach den verschiedenen Seiten und den dadurch veranlaßten Collisionen. Um solcher Collisionen willen aber ist das Gesetz nicht etwas Unbe-
25 stimmtes und Unaussprechbares, was bloß im inneren Gefühl des besonderen Subjectes wäre.-⟩ ⟨Das Recht muß die Gestalt des Objectiven, Gewußten annehmen.⟩

⟨Ho 645.28, 31-32, 33-646.1, Hen 169.27, 170.1-2, Gr 533.25-27, 534.26, Hom 263.20-21⟩

⟨Ho 646.3-10, Hen 169.27-28, 170.2-5, 17-18, Gr 533.29-534.2⟩

⟨Ho 647.4-7⟩

⟨Ho 647.13-21⟩

Ho 647.30-31, Gr 537.9-11

§ 212
RPh 210 (= RPh-Ilt 657-658 = RPh-Hm 183)

Im Hegeltext unterstrichen: "... das als Recht Verbindlichkeit, was Gesetz ist".

30 ⟨Das Verbindende ist das Gewußte ⟨Ho 648.12-15, Gr 537.21-22⟩

50

und Anerkannte.⟨ ⟩Daher muß das ⟩Ho 648.12, 16-17⟨
Recht ein Gesetztes seyn.-⟨ ⟩Das po- ⟩Ho 648.17-21⟨
sitive Recht soll nichts enthalten, als
was für sich Recht ist.⟨ ⟩Dadurch ist ⟩Ho 648.23-24, Hen 173.6-9, Gr
5 die Möglichkeit vorhanden, daß et- 538.2-8⟨
was gesetzt wird, was nicht an sich
Recht ist.⟨

§ 213
RPh 211 (= RPh-Ilt 658-659 = RPh-Hm 183-184)

⟩Es fragt sich[,] welcher Inhalt fähig ⟩Ho 649.25-35, Gr 540.18-22⟨
ist, Gesetz in einem Staat zu werden,
10 und welcher nicht.- Sittliche Bestimmungen sind auch Gesetze, doch
nicht als Inhalt positiver Gesetzgebung, deren Inhalt nur dasjenige werden kann, was dessen fähig ist.⟨ Es
15 fragt sich: Wo ist die Grenze? ⟩In ⟩Ho 650.2-4⟨
den 10 Geboten sind moralische mit
eigentlich positiven Gesetzen ver-
mischt[.]⟨ Patriotismus läßt sich
nicht als ein Gesetzliches gebieten.
20 ⟩Inhalt eines positiven Gesetzes kann ⟩Ho 650.10-20, Gr 540.5-6⟨
nur ein Solches seyn, was äußerlicher
Weise vorhanden ist, nicht seiner
Natur nach bloß auf Gesinnung geht.
Will der Staat moralische Vorschrif-
25 ten zu Gesetzen machen, so ist der
Zustand ein unfreier.⟨ ⟩Nur äußerli- ⟩Ho 650.22-26, 651.1-3⟨
che Dinge kann das nur selbst äußer-
liche Gericht zum äußerlichen Geset-
ze machen.-⟨ ⟩Gesetze[,] die viel ⟩Ho 651.18-21⟨
30 sittlichen Inhalt haben[,] sind
schlechte Gesetze.⟨

§ 214
RPh 212 (= RPh-Ilt 659 = RPh-Hm 184)

Im Hegeltext unterstrichen: "Sphäre des durch den Begriff unbestimmten, Quantitativen" und korrigiert "gegen eines andern Qualitativen" in

1   gegen ein ander[e]s Qualitatives

⟩Das Gesetz als allgemeine Bestim- ⟩Ho 651.33-652.9, Hen 173.23-28,
mung wird angewandt auf den ein- Gr 541.27-32⟨
zelnen Fall, der eine Menge nicht im
5   Allgemeinen liegende Bestimmungen hat. Soll über den einzelnen Fall
entschieden werden, so muß über alle
die empirischen Seiten des einzelnen
Falles entschieden werden, die nicht
10 im Gesetz enthalten sind.⟨

Im Hegelttext unterstrichen: "zufällige und willkührliche Entscheidung eintritt".

⟩Die Entscheidung kann durchaus ⟩Ho 652.23-29
nicht einer Begriffsbestimmung ad-
äquat gemacht werden. Der Charakter der Zufälligkeit bleibt in der Ent-
15 scheidung.⟨ Das ist ⟩das eigentlich ⟩Ho 653.6-7⟨
Positive, was nothwendig ist, weil
entschieden werden muß.⟨ ⟩Man ⟩Ho 653.11-14, Gr 542.7-9⟨
wählt dann gewöhnlich niedere Zah-
len.⟨ ⟩Aber diese Zufälligkeit muß ⟩Ho 653.18-21⟨
20 begrenzt sein, und nur innerhalb gewisser Grenzen statt finden.⟨

§ 215
RPh 213 (= RPh-Ilt 661 = RPh-Hm 185-186)

22 ⟩Neue Gesetze ihrem Inhalt nach zu ⟩Ho 654.22-31, Hen 171.28-29⟨

machen, kann in einer gebildeten Welt nicht mehr vorkommen. Die Gesetze sind schon vorhanden, und werden nur gesammelt und bekannt
5 gemacht.⟩

§ 216
RPh 214 (= RPh-Ilt 662-663 = RPh-Hm 186)

Im Hegeltext unterstrichen: "...einer <u>Seits einfache allgemeine Bestimmungen</u> zu fordern ... des <u>endlichen Stoffs auf endlose Fortbestimmung</u>".

⟩Definitio in iure periculosa.⟨ So ⟩z.B. konnte im Römischen Recht die absolute Bestimmung des Menschen (als eines Freien) sich nicht 10 geben lassen.-⟨ Begriffswidrige Bestimmungen in einem Rechts-Zustand machen die allgemeinen Bestimmungen unmöglich. ⟩Die Gesetze selbst müssen ihrem Inhalt nach 15 wahrhaft rechtlich seyn.-⟨ ⟩Man kann aber bei den einfachen Principien nicht stehen bleiben.-⟨ ⟩Es kommen immer <u>neue Bestimmungen</u> hinzu auch zu dem fertigen Gesetz-20 buch, die aber keine neuen Gesetze sind, sondern nur auf ein sich ergebendes specielles Detail sich beziehen. Durch solche neuen Bestimmungen entsteht nichts wesentlich 25 Neues, es muß den Principien entsprechen, und kann nur Particularitäten betreffen.⟨	⟩Ho 655.25⟨ ⟩Ho 655.30, 32-656.1⟨ ⟩Ho 656.7-10, Gr 546.2-3, Wa 126. 42⟨ ⟩Ho 656.19-20, Gr 546.3-5, Wa 126.44f.⟨ ⟩Ho 657.11-26, Gr 546.17-18, Wa 126.25-27, Hom 264.3-8⟨

§ 217
RPh 215 (= RPh-Ilt 663-664 = RPh-Hm 187)

⟩Das Recht an sich wird gesetzt.⟨ ⟩Ho 658.12-13⟨
⟩Es ist etwas an sich mein Eigen- ⟩Ho 658.17-26, Gr 547.14-17, Hom
thum. Dies muß auch gesetzt werden 264.18f.⟨
in der Gesellschaft, anerkannt sein
5 als das meinige.⟨ ⟩Hier kommen die ⟩Ho 658.30-32, Gr 547.27, Wa
Förmlichkeiten herein.⟨ 127.17f., 44f., Hom 264.22⟨

Im Hegeltext unterstrichen: "auf Vertrag und auf den ... Förmlichkeiten".

⟩Grenzsteine und dergleichen Aner- ⟩Ho 659.1-2⟨
kennungen derselben.⟨ ⟩Vertrag ist ⟩Ho 659.20-23, Wa 127.5-8⟨
gewöhnlich die Weise der Besitznah-
10 me[,] und dabei sind gewisse Förmlichkeiten dann gesetzlich.⟨

§ 218
RPh 216 (= RPh-Ilt 664-665 = RPh-Hm 188)

Im Hegeltext unterstrichen: "... so ist das Verbrechen... der allgemeinen Sache".

⟩In einem Rechte werden hier die ⟩Ho 661.6, 8-13, Hen 176.26-30, Gr
Rechte Aller verletzt. Das Recht des 548.20-21, 32-549.1, Hom 264.24-
einen ist nicht mehr bloß ein Parti- 26, 265.1⟨
15 culäres, sondern es ist anerkannt von
der Gesellschaft.⟨

Im Hegeltext bei "setzt die ihrer selbst sicher ... desselben herbey" am Rand durch Strich, Einfügungshäkchen ⌠ und Verweis als zu ergänzend hervorgehoben.

17 ⌠⟩Je gebildeter die Gesellschaft, de- ⟩Ho 661.20-25, 32-34, Hen 177.20-

sto milder die Strafe. Das scheint ein 23, Hom 264.28f., 265.6f.⟩
Widerspruch.⟩ Aber ⟩in der ihrer ⟩Ho 662.30-35, 663.3-7, 21-24, Hen
selbst sicheren Gesellschaft gilt das 177.23-25, 178.5-6, Gr 550.2-5,
Recht. Daher wird in der Gesell- 551.10-13, Hom 264.28-30⟩
5 schaft das Recht als so fest zu Grun-
de liegendes angesehen, daß das Verbrechen dagegen als ein Unwichti-
ges[,] nur Zufälliges erscheint. Das
Verbrechen erscheint als etwas nicht
10 von besonnener Überlegung ausge-
hendes, sondern vo[n]¹ Leiden-
schaft.⟩ ⟩Durch das Verbrechen ist ⟩Ho 664.2-4⟩
kein Gelten desselben gesetzt.⟩ ⟩Es ⟩Ho 664.8-10, Gr 550.5⟩
ist ein dem ganzen Zusammenhang
15 der Gesellschaft widersprechendes
<.....es> Einzelnes.⟩

RPh 217 (= RPh-Ilt 665 = RPh-Hm 188)

Im Hegeltext unterstrichen: "an sich eine unendliche Verletzung" mit Einfügungshäkchen ⌈.

⌈Daher abstracter Weise die Verbre-
chen gleich, ⟩nicht aber in ihrem Da- ⟩Wa 131.23-26, Hom 264.27f.⟩
seyn, worin sie quantitative und
20 qualitative Unterschiede annehmen,⟩
wonach die Strafen bemessen werden.

RPh 217 (= RPh-Ilt 665-666 = RPh-Hm 188-189)

⟩Die Strafen stehen immer in we- ⟩Ho 665.1-7, Hen 177.28-30⟩
sentlicher Beziehung auf den Zu-
25 stand der Gesellschaft.-⟩ Ein bürger-

---

¹ Heyse: vom

liches Gesetzbuch kann weit eher, als ein ⟩Straf-Codex für alle Zeiten gelten.⟨ ⟩Ho 665.28-30⟨

§ 220
RPh 218 (= RPh-Ilt 667 = RPh-Hm 189-190)

Im Hegeltext unterstrichen: "... nur Recht an sich ... in seiner Existenz gerecht".

⟩Zufällige Individuen stellen in der Rache das Recht her.⟨ ⟩Die Rache ist an sich nicht ungerecht.⟨ Aber ⟩es mischt sich zufällige Empfindung, Meinung etc. ein, die jede Verletzung als eine unendliche ansehen kann.⟨ ⟩Indem das Allgemeine die Ahndung des Verbrechens auf sich nimmt[,] fällt die Zufälligkeit weg, und die Rache verwandelt sich in die Form der Strafe. Die Form der Verwirklichung ist hier nicht mehr subjective Persönlichkeit und Willkühr, sondern Allgemeinheit.⟨

⟩Ho 668.20-21, 25, 30⟨
⟩Ho 668.32, Hen 178.18, Hom 265.20⟨ ⟩Ho 669.31-34, Wa 129. 39-41, Hom 265.21⟨

⟩Ho 670.7-9, 11-13, 15-18, Wa 128. 45-129.3, Hom 265.15-19⟨

§ 221
RPh 219 (= RPh-Ilt 667 = RPh-Hm 190)

⟩Daher müssen ihm die Gesetze bekannt seyn.⟨   ⟩Ho 671.19-21, Gr 557.29-558.4⟨

§ 222
RPh 219 (= RPh-Ilt 668 = RPh-Hm 190)

⟩Was ist, muß auch die Form des   ⟩Ho 673.3-6, Hen 179.33-180.1, Gr

Gesetztseyns haben[,] zur äußerlichen Existenz kommen, und dies geschieht durch den Beweis des Rech-
4 tes, das man hat.⟨   558.21-25⟩

§ 223
RPh 219 (= RPh-Ilt 668 = RPh-Hm 190-191)

5 ⟨Die Institution der Schieds-Friedens-Gerichte ist aus diesem Grunde nothwendig.⟩ ⟨Es muß in dem Belieben der Parteien stehen, ob sie sich dem vollständigen Rechtsgang unterwerfen wollen oder an solche Gerich-
10 te sich wenden.⟩

⟨Ho 674.9-11, Hen 180.14-15⟩

⟨Gr 560.30-561.3, Wa 132.35-36, 133.36f., 134.26f.⟩

RPh 220 (= RPh-Ilt 669 = RPh-Hm 191)

Im Hegeltext unterstrichen: "Ein Billigkeitsgerichtshof".

⟨So das Gericht des Canzlers in Eng-
13 land.⟩

⟨Ho 674.15-17, Hen 180.23-24, Wa 133.36, 39⟩

§ 224
RPh 220 (= RPh-Ilt 669 = RPh-Hm 191)

Im Hegeltext unterstrichen: "Oeffentlichkeit der Rechtspflege".

⟨Zum Rechtszustand gehört vor-
15 nehmlich auch das Zutrauen der Bürger zu Gerichten. Gute Gründe machen noch keinen Rechtsspruch gut. Aber daß ich den Grund als gut gelten lasse, ist Sache meines Gewis-
20 sens.⟩ ⟨Für diese Seite des Zutrauens

⟨Ho 676.30-677.4, Wa 134.2-5, 38f., Hom 265.28f.⟩

57

ist die Öffentlichkeit der Rechtspflege zu fordern, und zwar als ein Recht.⟩ Um Nutzen und Schaden handelt es sich bei solchen Dingen nicht allein.-⟩Die Bürger haben das Recht an die Überzeugung, daß ihr Recht gesprochen wird.⟩

⟩Ho 677.8-11, Hen 181.33-182.2, Wa 134.5, 135.43, 46, Hom 266. 1f.⟩

⟩Ho 677.20-22⟩

§ 225
RPh 220-221 (= RPh-Ilt 669-670 = RPh-Hm 191-192)

Im Hegeltext unterstrichen: "sind verschiedene Funktionen".

⟩In den Geschworenen-Gerichten ist das Recht des subjectiven Bewußtseyns der Hauptgesichtspunct.⟩ Die höchste ⟩Anerkennung dieses Rechtes liegt in der Forderung des eigenen Geständnisses des Verbrechers.-⟩ Der Mensch wird so nach allen Seiten als ein freier angesehen. Allein ⟩der Verbrecher kann leugnen und so das Interesse der Gerechtigkeit gefährdet werden.⟩

⟩Ho 678.20-22 Hen 185.8-10⟩

⟩Ho 683.21-23, 684.4-7 Wa 128.12f.⟩

⟩Ho 684.15-17⟩

(Fortsetzung RPh 221)

⟩Dazu hat man ehemals die Tortur angewendet, die ganz consequent ist,⟩ sobald das Eingeständniß nöthig. ⟩Soll dies aufgehoben und durch Gerechtigkeit gehandhabt werden, so muß man die subjective Überzeugung des Richters für hinreichend erklären.⟩ So ⟩scheint aber eine Härte hineinzukommen. Das Recht des Selbstbewußtseyns scheint

⟩Ho 684.22-24⟩

⟩Ho 684.27-28⟩

⟩Ho 685.4-7⟩

gefährdet.⟩ ⟨Man nimmt da wohl seine Zuflucht zu außerordentlichen Strafen, wobei die subjective Überzeugung der Richter hinreichend
5 ist[.]⟩ ⟨In diesem Falle ist das Gericht dem Geschworenen-Gerichte gleich gesetzt,⟩ welches das Gewissen der Geschworenen als hinreichend anerkennt[,] den Angeklagten
10 zu verurtheilen. Die Geschworenenrichter ⟨sollen in die Seele des Verbrechers sprechen, daß die Seele mitsprechen soll.⟩ Bei dem gemischten Gericht ist darin etwas ⟨Mangelhaftes,⟩ was ⟨in dem Geschworenengericht
15 supplirt wird durch ebenbürtige Bürger des Angeschuldigten, die nicht das Interesse des Gerichts haben, sondern mit dem Verbrecher
20 identischer sind. Sie sprechen als mit ihm verwandter[,] und auf diese Weise sprechen sie aus seiner Seele.⟩

⟨Der Thatbestand muß zuerst fest-
25 gesetzt werden, ehe der Fall unter das Gesetz subsumirt wird.⟩ ⟨Letzteres ist eine juridische Handlung, ersteres nicht. Den Thatbestand anzugeben[,] ist Sache der allgemeinen subjectiven
30 Überzeugung.⟩

⟨Ho 685.9-14⟩

⟨Ho 685.24-27⟩

⟨Ho 686.9-12⟩

⟨Ho 686.22⟩
⟨Ho 686.27-687.4, Hen 185.14-16, Gr 569.20-22, Wa 134.4, 135.7-9, Hom 266.21-24⟩

⟨Ho 678.29-33, Hen 182.14-15⟩

⟨Ho 679.1-10, Gr 567.30-568.2, Wa 134.35-37, 135.11f., 22f., Hom 266.25f.

§ 231
RPh 226 (= RPh-Ilt 675-676 = RPh-Hm 196)

⟨Die Polizei hat das Zufällige als
32 solches zu ihrem Gegensatz. Die

⟨Ho 692.1-6, Wa 137.5-7, 10-11, Hom 266.35-41, 267.12f.⟩

59

Corporation bezieht sich mehr auf
das Innere und macht das besondere
Wohl als solches als Concretes zu
4 ihrem Zweck.⟩

§ 233
RPh 227 (= RPh-Ilt 676 = RPh-Hm 196)

Im Hegeltext unterstrichen: "<u>Möglichkeit des Schadens ... Seite des Unrechts</u>".

5 ⟩Der Gebrauch des Eigenthums ent-   ⟩Ho 693.15-17, Gr 590.19-21, Wa
hält zugleich Beziehungen auf be-   139.5-8,, Hom 267.9f.⟩
nachbarte Individuen und Localitä-
ten.⟩ ⟩Daher die Polizei die Freiheit   ⟩Gr 590.13, Wa 139.8-10, Hom
jenes Gebrauches in vielen Fällen be-   267.10-12⟩
10 schränkt.⟩

§ 234
RPh 227 (= RPh-Ilt 676-677 = RPh-Hm 196)

Im Hegeltext unterstrichen: "<u>keine Grenze an sich vorhanden</u>".

Die ersten Indicien unterliegen einer
⟩ganz <u>subjectiven Beurtheilung</u>.⟩   ⟩Ho 693.29-32, Gr 593.3-5⟩
⟩Die Polizei hat von dieser Seite   ⟩Ho 694.3-6, Hen 190.6-8, Wa
14 etwas Gehässiges⟩ gegen sich.   140.10⟩

§ 235
RPh 228 (= RPh-Ilt 677 = RPh-Hm 197)

Im Hegeltext unterstrichen: "<u>die ein gemeinsames Interesse</u> sind ... Diese <u>allgemeinen Geschäfte</u>".

§ 236
RPh 228 (= RPh-Ilt 677-678 = RPh-Hm 197-198)

Im Hegeltext unterstrichen: "<u>Producenten</u> und <u>Consumenten können in Collision mit einander kommen</u> ... <u>Taxation der Artikel der gemeinsten Lebensbedürfnisse</u>".

⟩2 Ansichten: [1)] allgemeine Beaufsichtigung der Lebensbedürfnisse, Waaren etc. und der Preise derselben;⟨ 2) ⟩gänzliches Außerachtlassen derselben, daß Jeder Freiheit hat zu machen und zu verkaufen, wie er will.-⟨ Man muß nicht übersehen, daß ⟩das Publicum ein Interesse dabei hat, daß ihm geleistet wird, was es bedarf, und wie es dessen bedarf. Dies ist ein gemeinschaftliches Interesse, da[ß][1] alles gemeinschaftlich besorgt werden kann.-⟨ ⟩Dies Recht hat man bei der sogenannten <u>Gewerbefreiheit</u> viel zu sehr hintangesetzt und übersehen. Es ist dies aber ein wesentliches Recht der Consumenten, das so viel zu wenig berücksichtigt wird.⟨

⟩Ho 695.19-23⟨

⟩Ho 695.24-28⟨

⟩Ho 696.7-12 Hen 190.16-19 Gr 597.16-18, 598.11-12⟨

⟩Ho 696.30-35⟨

§ 237
RPh 229 (= RPh-Ilt 679 = RPh-Hm 198)

Im Hegeltext unterstrichen: "<u>Möglichkeit</u> der Theilnahme... noch <u>von der subjectiven Seite den Zufälligkeiten unterworfen</u>".

20 ⟩Das besondere Individuum als solches ist in der bürgerlichen Gesell-

⟩Ho 697.33-35, 699.7-9⟨

---
[1] Heyse: das

schaft der Zweck. Für dieses soll gesorgt werden,⟩ ⟨nicht bloß fürs All- ⟩Ho 699.22-23⟨
3 gemeine.⟩ Siehe das Folgende.

§ 238
RPh 229 (= RPh-Ilt 679 = RPh-Hm 198)

Im Hegeltext unterstrichen und mit Einfügungshäkchen: "Zunächst ist die Familie ... diese besondere Seite des Individuums ... Die bürgerliche Gesellschaft ⌈ reißt aber das Individuum aus diesem Bande heraus".

⌈⟩Sie ist das Gegentheil des patri- ⟩Ho 700.10-14, Hen 191.34-192.3⟨
5 archalischen Zustandes. Die bürgerliche Gesellschaft bemächtigt sich seiner, als ihres Gliedes.⟩ ⟨Dadurch ⟩Ho 700.26-27⟨ aber hat er ebenso <wohl> Rechte und Ansprüche an sie.⟩

§ 239
RPh 230 (= RPh-Ilt 680 = RPh-Hm 199)

Im Hegeltext unterstrichen und mit Einfügungshäkchen: "der allgemeinen Familie ... gegen die Willkühr ... der Eltern⌈".

10 ⌈⟩Die Grenze ist hier schwer zu ⟩Ho 701.11-12⟨
ziehen.⟩ Allein das Individuum als Mitglied ⟨der Gesellschaft giebt dieser die Pflicht[,] auch auf dessen ⟩Ho 701.27-33, Hen 193.1-3, Gr 602.28-30, Hom 267.29-30⟨
zweckmäßige Erziehung und Bildung zu achten.⟩
15

§§ 250-255
RPh 236-239 (= RPh-Ilt 686-690 = RPh-Hm 203-206)

⟨Ein <Zwe> allgemeiner Zweck in ⟩Ho 710.12-14, Gr 619.14, 621.5-9,
17 der besonderen Thätigkeit ist in der Wa 143.2-4, 39⟨

Corporation vorhanden,⟩ während ⟨in der bürgerlichen Gesellschaft an sich jeder sich selbst Zweck ist und dadurch unmittelbar Anderer Zwecke
5 befördert.⟩ ⟨Die Individuen, die zu einer Corporation gehören[,] sollen versorgt werden,⟩ ⟨so ist für ihr besonderes Interesse gesorgt, was <zugleich> Zweck der bürgerlichen Ge-
10 sellschaft ist.-⟩ ⟨Eine Beschränkung der Industrie soll die Corporation seyn.⟩ ⟨Die Genossenschaft darf freilich nicht selbstsüchtig handeln.⟩ ⟨Die Gewerbe aber haben in
15 Deutschland am meisten geblüht durch die Corporationen.⟩ ⟨Das Interesse des Handels ist ein ganz anderes, ⟩ als das der Corporation, und der Bürgerschaft. ⟨Durch Aufhebung
20 der Corporationen soll besonders das Princip der subjectiven Freiheit geltend gemacht werden.⟩ ⟨Der Zweck des Arbeiters[1] ist aber nicht zu treiben, was er will, sondern seine siche-
25 re Subsistenz zu gewinnen, und diesen Zweck such[en] die Corporatione[n][2] zu verwirklichen,⟩ wie sie auch auf der anderen Seite für den Vortheil der Consumenten wirken.-
30 ⟨Die Corporationen organisiren die bürgerliche Gesellschaft in sich, machen sie zu einem Ganzen von Genossenschaften, wo keiner einzeln steht⟩ und nicht nur viele sind. ⟨Die
35 Aufhebung der Corporationen ist

⟩Ho 710.7-10, Hen 202.30-203.2, Gr 619.15-18⟨

⟩Ho 710.24-28, Hen 203.4-5, Wa 142.39f., Hom 267.17f.⟨
⟩Ho 708.8-11, 710.30-32, Hen 203. 9-11, Gr 624.19-26⟨

⟩Ho 711.3-5⟨

⟩Ho 711.11-14, Hen 203.15-18⟨

⟩Wa 143.17-19⟨

⟩Ho 712.7-8⟨

⟩Ho 712.18-21, Hen 203.23-29, Gr 626.17-20⟨

⟩Ho 712.22-30, Hen 204.1-6, Gr 629.3-7⟨

⟩Ho 713.5-9, Hen 205.33-206.2⟨

⟩Ho 713.15-17⟨

---

[1] Heyse: Arbeiters, [2] Heyse: sucht die Corporation

2 Desorganisation der bürgerlichen Gesellschaft.⟩ ⌠

(Fortsetzung RPh 237 mit Einfügungshäkchen) ⌠

⌠⟩In dem ordentlichen Staat müssen ⟩Ho 714.5-8⟨
nicht nur die Vielen vorhanden seyn,
5 sondern auch geordnet organisirte
Genossenschaften;⟨ ⟩jeder Einzelne ⟩Ho 714.19-20⟨
[ist] Mitglied eines Ganzen,⟨ für das
er thätig ist. ⟩So nur ist der beson- ⟩Ho 714.20-26⟨
dere Vortheil im Staate gesichert und
10 knüpft sich an das Interesse des All-
gemeinen⟨ (Siehe § 255 Anmer-
kung).

§ 256
RPh 241 (= RPh-Ilt 690-691 = RPh-Hm 206-207)

⟩Im Staat ist nicht mehr der beson- ⟩Ho 715.10-17, Hen 207.24-208.2,
dere Zweck die Hauptsache, wie in Gr 630.15-19, Wa 144.4f.⟨
15 der bürgerlichen Gesellschaft, wo er
durch die Corporationen geheiligt
und zum Allgemeinen erhoben
wird:⟨ ⟩im Staat ist das Geistige All- ⟩Ho 715.17-18, 716.5-7, Hen 207.
gemein, Freiheit in ihrem Begriffe 6-7, Wa 144.10, 35f., 145.15-17,
20 Grundlage des Gebäudes.⟨ Hom 268.8⟨

§ 260
RPh 251 (= RPh-Ilt 701-702 = RPh-Hm 214-215)

Im Hegeltext unterstrichen: "die Wirklichkeit der concreten Freyheit; die concrete Freyheit" und am Rand bei "das Prinzip der Subjectivität ... diese zu erhalten" Bleistiftanstreichung.

64

Neben der allgemeinen Freiheit muß ⟩die Particularität der Individuen danach ihr volles Ergehen haben, und immer zurückgeführt seyn auf den
5 allgemeinen Zweck.⟨ ⟩In allen Zeiten finden wir ein herrliches Ganzes, aber Untergehen der Individuen in dem Ganzen;⟨ das andere Extrem ist Zügellosigkeit der Individuen ohne
10 Zurückführung zum Ganzen.- ⟩Das Ganze muß bestehen in der Freiheit der Individuen.⟨

⟩Ho 715.15-22, Wa 152.22-24, Hom 268.21-25⟨

⟩Gr 635.18-21⟨

⟩Ho 717.19-22, Hen 226.27-28, Gr 635.21-23⟨

§ 269
RPh 257 (= RPh-Ilt 708 = RPh-Hm 219-220)

⟩In dem höheren Organismus sind die Glieder und Theile jede[s]¹ für
15 sich vollkommen ausgebildet <sind>[,]⟨ und ⟩der ganze Organismus besteht eben durch die besondere Thätigkeit der besonderen Glieder[.]⟨

⟩Ho 726.3-5, Hen 228.30-31⟨

⟩Ho 726.5-7⟨

§ 270
RPh 257 (= RPh-Ilt 708-709 = RPh-Hm 220)

Im Hegeltext zwischen "sie" und "2)" Einfügungshäkchen ⌈ für Korrektur und am Rand:

20 Ist

⟩Die Wirklichkeit ist Einheit des Begriffs und des Äußerlichen,⟨ der Re-
22

⟩Ho 727.2-5, Gr 645.4-5⟨

---

¹ Heyse: jeder

alität.- ⟩Erscheinungen, die dem Be- ⟩Ho 727.10-15⟨
griffe nicht entsprechen[,] sind in
diesem Sinne nicht wirklich.⟨ ⟩Die ⟩Ho 727.27-28⟨
wahrhafte Wirklichkeit ist Nothwen-
5 digkeit;⟨ ⟩fest als nicht todt, sondern ⟩Ho 728.12-15⟨
sich immer erzeugende und auflösen-
de Bestimmung.⟨

Im Hegeltext unterstrichen: "und wollende Geist" mit Einfügungshäkchen ⌈.

⌈Der patriarchalische Staat weiß sich
noch nicht. ⟩Das Wissen bringt feste ⟩Ho 728.26-32⟨
10 Unterschiede an und will sie: aber
der Staat weiß und will auch ihre
Einheit:⟨ ⟩zum vollendeten Staat ge- ⟩Ho 729.1-2⟨
hört durchaus das Bewußtseyn.-⟨
⟩Daher hat auch die Wissenschaft im ⟩Ho 729.11-13, Hen 219.28-30,
15 Staat ihren Sitz, und erscheint auf der 220.32-221.4, Gr 651.7⟨
Seite des Staates.⟨

RPh 258 (= RPh-Ilt 709-710 = RPh-Hm 220-221)

⟩Der Staat hat einerseits die Religi- ⟩Ho 729.21-23, Gr 646.8-9, 14-15⟨
on zur Basis.⟨ ⟩Allein man muß dies ⟩Ho 729.24-26⟨
nicht so mißverstehen, als ob das
20 Staatsleben in der Weise eines Reli-
giösen bleiben müsse.-⟨ ⟩Der Staat ⟩Ho 729.35-730.4⟨
erscheint als Gebiet der Endlichkeit,
die Religion als das der Unendlich-
keit, des Absoluten;⟨ ⟩so erschiene ⟩Ho 730.6-15, Hen 213.25-28⟨
25 der Staat als das Unterzuordnende,
daher müsse, meint man, zur Basis
seines Bestehens der Staat die Religion haben.- Als Endliches hat er keine

Berechtigung, die Religion erst ist das Heiligende[,] Bewährende.-⟨ ⟩Diese Ansicht des Verhältnisses ist einseitig. Der Staat ist weltlich, end-
5 lich, hat endliche Zwecke, Angelegenheiten.⟨ ⟩Dies ist aber nur die eine Seite[:]⟨ ⟩Der[1] lebendige Organismus muß sich entfalten in Besonderes, ⟨ und ⟩für die Wahrneh-
10 mung Endliches zeigen.⟨

⟨Ho 730.20-24, Hen 214.5-6⟩

⟨Ho 730.29⟨
⟩Wa 149.29-31⟨

⟩Ho 731.1-2⟨

RPh 259 (= RPh-Ilt 710-711 = RPh-Hm 221-222)

⟩Allein der Organismus hat eine Seele, ein Belebendes, das einerseits das Erschaffen der Unterschiede ist, aber auch darin Erhalten und Zurückfüh-
15 ren in der Einheit. Dies ist das Unendliche darin.⟨ ⟩Erscheint also das weltliche zunächst als das Endliche, so ist dies doch eine falsche Ansicht,⟨ wenn man dabei stehen bleibt.
20 ⟩Es ist wohl ein schlechter Staat in der Existenz möglich, die bloß endlich ist.-⟨ ⟩Es ist ein Inhalt, eine und dieselbe Idee, die in der Religion und im Staat sich Wirklichkeit giebt[.]⟨
25 ⟩Der Staat muß die göttliche Idee in sich ausdrücken.⟨ ⟩Der andere Sinn, daß alle Menschen einem Staate durch gleiche Religion verknüpft seyn sollen, kann leicht mißverstan-
30 den werden.-⟨ Der Staat soll dem Menschen als nothwendig begründet

⟩Ho 731.8-14, Wa 149.35-37⟨

⟩Ho 731.33-35⟨

⟩Ho 732.2-3

⟩Ho 732.13-18, Hen 223.3-5, Gr 646.9-12, Wa 149.27⟨

⟩Ho 732.20-24, Hen 214.11-13, 223.10-12⟨ ⟩Ho 732.28-733.1, Hen 225.17-19⟨

---
[1] Heyse: Seite. (Der

erscheinen, da[ß]¹ im Staat Recht ist,
soll dem Menschen als an und für
sich Recht erscheinen. ⟩Dies kann   ⟩Ho 733.25-28⟨
nun auf dem Wege des Begriffs (phi-
5 losophisch)⟨ oder ⟩der Religion ge-   ⟩Ho 734.8-17, Hen 214.22-26⟨
schehen: und insofern ist nöthig, daß
die Menschen religiöse Achtung vor
dem Staat, allgemeine Überzeugung
von dessen Zweckmäßigkeit haben.⟨

RPh 260-261 (= RPh-Ilt 711-712 = RPh-Hm 222)

Im Hegeltext auf S. 261 unterstrichen: "entsteht der religiöse Fanatismus".

10 ⟩Was der Staat fordern kann, muß er   ⟩Ho 735.1-3, 7-10⟨
als rechtliche Pflicht fordern kön-
nen.- Auf die Gesinnung, das Ge-
müth kommt es ihm dabei nicht an.⟨
⟩Die Religion aber hat ihren Sitz im   ⟩Ho 735.25-30, Hen 215.14-16⟨
15 Gemüthe und dem Gewissen. Fordert
der Staat auf religiöse Weise, so wür-
de er Eingriffe ins Innere thun.⟨ ⟩Der   ⟩Ho 735.34-35⟨
Staat hat es zunächst nur mit dem
Äußerlichen zu thun.⟨ Umgekehrt
20 darf ⟩die Kirche nicht in der Weise   ⟩Ho 736.5-7⟨
des Staates fordern, nicht Strafen
auflegen⟨ etc. ⟩Dies ist ein wesent-   ⟩Ho 736.9-10⟨
licher Unterschied.⟨ ⟩In der Religion   ⟩Ho 736.23-24⟨
ist alles ein Ideales.⟨ ⟩Der Staat ver-   ⟩Ho 736.25-27, Hen 216.29-217.2⟨
25 wirklicht sich, giebt seinen Unter-
schieden festes Daseyn.⟨ ⟩In der   ⟩Ho 736.35-737.5, Hen 216.24-28,
Religion kommt es auf Totalität des   217.25-28, Gr 648.33-34⟨

---

¹ Heyse: das

Gefühls an, jede Bestimmung ist eingehüllt in die subjective Totalität der Frömmigkeit.⟨ ⟩Macht sich die Religion auf diese Weise im Staate gel-
5 tend, so wird sie Fanatismus.⟨ Sie wendet dann die Totalität ihrer Ansicht auf jede Bestimmung an. ⟩In jedem Besonderen will die Religion auch das Ganze haben, und dies ist
10 nicht anders möglich¹ als durch Zerstörung des Besonderen:⟨ ⟩Der Fanatismus (politisch wie religiös) will die besonderen Unterschiede nicht gewähren lassen, das Ganze, die
15 Hauptsache soll gelten.⟨ ⟩Jede gesetzliche Bestimmung aber ist ein Bestimmtes, Beschränktes im Verhältniß zu einer² Totalität der Freiheit.- Der politische Fanatismus

⟩Ho 737.19-23, Hen 217.33-218.1, Gr 649.4-6⟨

⟩Ho 737.26-29⟨

⟩Ho 737.31-738.1, Hen 218.2-4⟨

⟩Ho 738.10-18 Hen 218.7-9 Gr 649.10-16⟨

(Fortsetzung RPh 261)

20 will das Abstracte der Freiheit, und zerstört die besonderen Unterschiede[.]⟨ Jede Beschränkung der Freiheit scheint ihm Aufhebung ihrer Totalität.- ⟩Ist die Frömmigkeit zum
25 Wesen des Staatslebens gemacht, so ist das bestimmte objective Bewußtseyn gestürzt, und das subjective Gefühl herrscht, das bloße Willkür seyn kann.-⟨ ⟩Der Staat muß von be-
30 stimmten, gewußten Gesetzen,⟨ nicht von Gefühlen ausgehen.

⟩Ho 739.21-27, Hen 218.27-29⟨

⟩Ho 739.18-21⟨

---

¹ Heyse: möglich, ² Heyse: seiner

RPh 272-273 (= RPh-Ilt 724 = RPh-Hm 232-233)

Im Hegeltext bei "Es ist daher ... wiederfahren können" am Rand Bleistiftanstreichung und nicht entzifferbare Abkürzung.

§ 271
RPh 273 (= RPh-Ilt 725 = RPh-Hm 233)

⟩Das Verhältniß des nach außen Gehens beruht auf dem System des inneren Organismus selbst, und ist eine immanente Seite innerhalb seiner selbst.⟨	⟩Ho 741.22-28, Gr 651.23-26⟨
5 ⟩Jener Zustand ist die Civil-Gewalt[;] dieser die Militär-Gewalt des Staates:⟨ bald ist die eine, bald die andere Seite überwiegend.	⟩Ho 741.22-742.3, Gr 651.26-27⟨

§ 272
RPh 274 (= RPh-Ilt 726-728 = RPh-Hm 233-235)

Im Hegeltext unterstrichen: "von der nothwendigen <u>Theilung der Gewalten ... executiven und der gesetzgebenden Gewalt</u>".

10 ⟩Der Staat soll die Wirksamkeit der Vernünftigkeit in sich haben.⟨ ⟩Der Staat ist um so viel höher als die Natur, wie der Geist über jeder physischen Existenz steht.⟨ ⟩Die Weisheit
15 Gottes zeigt sich im Staate in noch höherem Grad als in der Natur.⟨ ⟩Jede Gewalt im Staate muß an sich das Ganze seyn, und daher in ihrem Daseyn die andern Momente enthalten.⟨
20 ⟩Wenn die beiden Gewalten (gesetz-

⟩Ho 743.22-24⟨
⟩Ho 743.30-32⟨

⟩Ho 744.2-10⟨

⟩Ho 745.8-11, Hen 230.20-23, Gr 652.10-12, Wa 154.24-26, Hom 271.33-35⟨

⟩Ho 747.21-23, Hen 233.22-29,

gebende und executive) zu abstract 234.8-10⟨
getrennt und von einander unabhängig dargestellt werden, so treten sie
feindlich und zerstörend gegeneinan-
5 der auf[.]⟨ ⟩Daher muß jede dieser ⟩Ho 748.7-13⟨
Gewalten die Totalität des Ganzen
seyn. Jede Gewalt ist an sich identisch mit der andern, die Substanz ist
dieselbe[.]⟨

§ 273
RPh 276-277 (= RPh-Ilt 729-730 = RPh-Hm 235-236)

Für die Absätze "a), b), c)" im Hegeltext wird am Rand durch die Ziffern

10 ⟩2., 3., 1.⟨ ⟩Gr 661.15-662.26⟨

eine andere Reihenfolge vermerkt.

Im Hegeltext auf S. 277 ist unterstrichen: " der constitutionellen Monarchie, ist"

RPh 279 (= RPh-Ilt 731-732 = RPh-Hm 237-238)

⟩Von den alten Formen: Monarchie, ⟩Ho 751.2-5, 752.15, Hen 235.2-5,
Demokratie, Aristokratie kann in un- Wa 157.21-24, Hom 272.1ff.⟨
seren Tagen nicht mehr die Rede
sein[.]⟨ ⟩Sie widersprechen dem ⟩Ho 752.16-18, Hen 238.15-16⟨
15 Princip der subjectiven Freiheit,⟨ das
jetzt das geltende ist.

§ 274
RPh 281 (= RPh-Ilt 734-735 = RPh-Hm 239-240)

Im Hegeltext hinter "... die ihm angemessen ist," Einfügungshäkchen ⌈.

17 ⌈die es verdient.

⟩Die Verfassung ist die Idee der Vernünftigkeit, wie sie in einem Volke sich entwickelt hat. Eine Verfassung läßt sich nicht machen.⟨ ⟩Ho 752.33-753.5, Gr 663.14-19, Wa 155.37-41, 44-46⟨

5 ⟩Einzelne Urheber von Verfassungen haben nur das schon Vorhandene festgesetzt und geordnet.⟨ ⟩Ho 753.11-19⟨

§ 275-276
RPh 282 (= RPh-Ilt 736 = RPh-Hm 240)

Im Hegeltext unterstrichen: "die substantielle Einheit als Idealität seiner Momente".

Der Staat muß vor allen Dingen souverän\<er\> seyn; daher ist ⟩mit der fürstlichen Gewalt angefangen worden.⟨ ⟩Ho 756.17-18, Hen 238.18⟨

10 ⟩Der Staat muß dadurch ein Geistiges seyn, daß alle seine Momente als ideelle sind,⟨ die nur selbständig erscheinen. ⟩Die Idealität, die Seele ist eben das belebende Princip.⟨ ⟩Ho 757.14-16⟨

⟩Ho 757.18-20⟨

15

§ 279
RPh 285 (= RPh-Ilt 739-740 = RPh-Hm 242-243)

Im Hegeltext unterstrichen: "... selbst gewisse Subjectivität ... das Individuelle des Staats als solches".

⟩Die letzte Entscheidung, subjective Willensbestimmung muß von einem Subjecte ausgehen.⟨ ⟩Die Souveränität des Volkes kann an diesem nur Prädicat seyn. Zur wirklichen Gestaltung kommt sie erst durch die Person des Monarchen⟨ ⟩(Den Grie- ⟩Ho 760.30-33, Hen 240.6-8, Gr 672.30-34, 673.31-34, Hom 272.37⟨

⟩Ho 760.34-761.3, Hen 241.4, 18-19, Gr 673.1-3, 10-13, Hom 272.38-40⟨

20

⟩Ho 761.22-26, Hen 242.5-28, Gr

chen war das <u>Orakel</u> dies abstracte und grundlos Entscheidende[)]. Ein Fortschritt aber ist es, wenn diese Entscheidung einem bewußten Sub-
5 jecte zukommt.-⟨

676.12-25, Wa 163.14f., Hom 273. 3-4⟩

§ 280
RPh 290 (= RPh-Ilt 745-746 = RPh-Hm 247)

Im Hegeltext unterstrichen: "<u>unmittelbare</u> Einzelnheit ... Bestimmung der <u>Natürlichkeit</u>".

⟨Ein bloß abstractes, subjectives, vernunftloses Entscheiden kommt dem Monarchen zu. Daher wird das Individuum auf dem natürlichen We-
10 ge durch die Geburt zur Würde des Monarchen bestimmt.-⟩ ⟨Man hält es für gefährlich, die Persönlichkeit des Monarchen dem Zufall zu überlassen.⟩ Aber wie ist es zu veran-
15 stalten, daß der Würdigste regiere?- Allein <es kommt ..... auf> ⟨die Voraussetzung, <an> daß es auf die Persönlichkeit des Monarchen zunächst ankomme, ist ein Nichtiges. In einer
20 gebildeten Organisation des Staates ist es um eine Spitze, um ein formelles, abstractes Entscheiden zu thun, und kommt in dieser Hinsicht nicht auf die Besonderheit des Charakters
25 an.⟩ ⟨In einem gebildeten constitutionellen Staate braucht der Monarch nicht viel mehr zu thun, als <u>Ja</u> zu sagen,⟩ seinen Namen zu unterschreiben. ⟨Der Monarch ist der letzte feste
30 Punct.⟩

⟨Wa 161.39-162.2, 31f., Hom 272. 28-33⟩

⟨Ho 762.24-30, Wa 162.33f.⟩

⟨Ho 763.23-764.3, Wa 162.42-44, Hom 272.42-273.1, 24f.⟩

⟨Ho 764.5-7, Wa 163.39f., Hom 273.2⟩

⟨Wa 162.16-18⟩

§ 281
RPh 292-293 (= RPh-Ilt 748-749 = RPh-Hm 249-250)

Im Hegeltext unterstrichen: "Das <u>Wahlreich</u> scheint".

⟩Die Besonderheit wird dadurch frei. Es entstehen Factionen, Kämpfe etc.⟨ ⟩Die Mehrheit der Stimmen kann hier auch nicht entscheiden.
5 Denn die subjective Meinung soll ja das Bestimmende seyn[.] Dem besonderen Willen kann nicht zugemuthet werden[,] sich der Majorität zu unterwerfen. Sonst ist er hier nicht
10 mehr frei, wo er als ein letztes Entscheidendes[1] gelten soll.⟨

⟩Ho 767.13-16, Hen 247.31-33, 248.9-13, Wa 163.32f.⟨
⟩Ho 768.1-12⟨

§ 282
RPh 293 (= RPh-Ilt 749 = RPh-Hm 250)

Im Hegeltext unterstrichen: "das <u>Begnadigungs-Recht</u>".

⟩Auch das Verbrechen gilt in dieser letzten Spitze nicht mehr, das Geschehene kann ungeschehen gemacht
15 werden⟨ nach der Grundlage, die es im Willen des Thäters hat.- ⟩Ist das Volk souverän, so kommen die Momente des Begriffs nicht zu ihrem Rechte.⟨

⟩Ho 768.20-23, Hen 251.26-28, 252.1-4, Wa 164.8, 40-42, Hom 273.29-31⟨

⟩Ho 769.7-10, Hom 272.40⟨

§ 283
RPh 294 (= RPh-Ilt 750 = RPh-Hm 250)

Im Hegeltext unterstrichen: "Moment der <u>Besonderheit</u>, ... sind es <u>oberste</u> <u>berathende Stellen</u> und <u>Individuen</u>".

---

[1] Heyse: letztes, Entscheidendes

⟩Dies ist die objective Seite des Beschlusses[.]⟨ ⟩In die Ministerien fällt die ganze Bildung des Staates. Kein Ministerium kann etwas Volks- und
5 Zeitwidriges wollen. Sie sind das substantielle Selbstbewußtseyn eines Volkes.⟨

⟩Ho 770.27-34⟨
⟩Hen 253.3-4, 20-21⟨

§ 284
RPh 295 (= RPh-Ilt 751 = RPh-Hm 251)

Im Hegeltext unterstrichen: "allein der Verantwortung".

⟩Der Monarch kann nicht responsabel seyn. Dem Ministerium kommen
10 die Gründe zu, also Responsabilität.⟨

⟩Ho 771.10-13, Hen 253.18-19, 21-23, Gr 686.23-25, Wa 163.46f., 165. 9-12, Hom 273.20-23⟨

§ 286
RPh 295 (= RPh-Ilt 751-752 = RPh-Hm 251)

Im Hegeltext unterstrichen: "im vernünftigen Organismus".

⟩Sicher ist eine Garantie in ihrem Wirkungskreise nur durch ihre Nothwendigkeit, und diese liegt eben in dem Daseyn der übrigen Gewalten.-⟨
15 ⟩Die Garantie einer jeden Gewalt liegt in der Existenz der Gesundheit, Stärke der andern, wie beim thierischen Herzen die Gesundheit eines Theils von der der andern ab-
20 hängt.⟨- ⟩In einem Wahlreich sind die Rechte der Unterthanen am wenigsten gesichert.⟨ ⟩Ist jedes Moment für sich vollkommen in seine Bestimmung gesetzt, so sind die
25 andern gesichert.⟨

⟩Ho 773.12-16, Hen 249.15-19, Gr 687.24-28⟨

⟩Ho 773.27-31⟨

⟩Ho 774.4-9⟨

⟩Ho 774.12-14⟨

RPh 296 (= RPh-Ilt 752, 754 = RPh-Hm 251-252)

⟩Im Orient ist die Succession nicht ⟩Ho 774.19-23⟨
festgesetzt.- Daher einige Unruhen.⟨
⟩Es hat unendlich wichtige Folgen ⟩Ho 774.23-29, Hen 249.23-26, Gr
für die Freiheit des Volkes und deren 688.17, 19, Entwurf zu RPh § 286
5 Cultur, daß die Succession durchaus = Ilting, Vorlesungen II.753.2-8⟨
gesichert ist, und dem Erstgebornen
zukomme.⟨

§ 287
RPh 298 (= RPh-Ilt 755 = RPh-Hm 252-253)

Im Hegeltext unterstrichen: "die <u>Ausführung</u> und Anwendung der <u>fürstlichen Entscheidungen</u> ... Geschäft der <u>Subsumtion</u>".

⟩Dieser Gewalt gehört die Beachtung ⟩Ho 775.32-35, Hen 254.4-6, Wa
der besonderen Interessen an, und 167.29-32, Hom 274.3f.⟨
10 zugleich deren Auflösung in dem
Allgemeinen.⟨

§ 288
RPh 298 (= RPh-Ilt 755 = RPh-Hm 253)

Im Hegeltext unterstrichen: "Die gemeinschaftlichen <u>besonderen Interessen</u>".

§ 289
RPh 299 (= RPh-Ilt 756 = RPh-Hm 253)

Im Hegeltext unterstrichen: "des <u>allgemeinen Staatsinteresses</u> ... die executiven <u>Staatsbeamten</u>".

§ 290
RPh 300 (= RPh-Ilt 757 = RPh-Hm 254)

Im Hegeltext unterstrichen: "<u>Theilung der Arbeit</u>".

2 ⟩Die Theile müssen aber auch wieder zusammenlaufen.⟨ ⟩Ho 776.13-15, Hen 256.27-28, Gr 689.29-30, Wa 169.38-39f., Hom 274.3f.⟨

§ 291
RPh 301 (= RPh-Ilt 758 = RPh-Hm 255)

Im Hegeltext unterstrichen: "durch <u>Individuen</u> ... <u>keine unmittelbare natürliche Verknüpfung</u>".

⟩Hier kann nichts durch Geburt bestimmt werden, alles nur durch Befä-
5 higung und Würdigkeit. Keine Casten!-⟨ ⟩Es muß einem jedem die Möglichkeit gegeben seyn, seine Würdigkeit zu beweisen.⟨ ⟩(Prüfungen sind nicht bloß ein Interesse des
10 Staats als Garantie für denselben, sondern auch der Individuen, als Mittel des Zugangs und des Beweises der Fähigkeit zu Staatsämtern.[)]⟨

⟩Ho 777.5-9, Hen 256.30-31, Wa 170.31-33, 43-171.1⟨

⟩Ho 777.13-15, Hen 256.31-33⟨

⟩Ho 777.17-22, Wa 170.43f., 171.7-10, Hom 274.7⟨

§ 293
RPh 301 (= RPh-Ilt 759 = RPh-Hm 255)

Im Hegeltext unterstrichen: "Die <u>besonderen Staatsgeschäfte</u> ... die <u>Natur der Sache</u>".

⟩Die Rechte der verschiedenen
15 Behörden sind ein wichtiger Punct;⟨ ⟩sie sind für sich nothwendig, nicht bloß äußerlich nützlich.⟨

⟩Ho 778.17-19, Wa 171.24f., 28-31, 39f.⟨

⟩Ho 778.21-26⟨

§ 298
RPh 306 (= RPh-Ilt 764 = RPh-Hm 259)

18 ⟩Die Fortbildung eines Zustandes, ⟩Ho 790.10-19, Hen 259.9-11, Gr

77

die nichts ist als bloße nähere Be- 697.20-21, Wa 173.23-25, 174.5-8⟨
stimmung, wird allmählich unver-
merkt in ihrer Gewaltsamkeit ein
Glied in der Verfassung und führt
5 Veränderung darin herbei.⟨

§ 299
RPh 306 (= RPh-Ilt 764-765 = RPh-Hm 259)

⟩Ehemals hat man das Concrete der ⟩Ho 791.9-11, Hen 263.32-33⟨
Individuen mehr in Anspruch ge-
nommen.⟨ ⟩Die Vasallen in Lehns- ⟩Ho 791.11-16, Gr 702.9-11⟨
verhältnissen etc.[,] die Unterthanen
10 bei den großen Bauwerken in Aegyp-
ten und dergleichen.-⟨ ⟩Alles[,] was ⟩Ho 791.28-30, Gr 702.8-9⟨
das Individuum im Staate thut, muß
durch seine subjective Freiheit ver-
mittelt werden.⟨ ⟩Dies geschieht ⟩Ho 791.31-33, Hen 264.1-2⟨
15 denn auch in dieser Hinsicht durch
das Geld.⟨ ⟩Nach dem bloß äußerli- ⟩Ho 792.6-21, Gr 702.15-16⟨
chen Vermögen wird gefordert. Über
das Innere des Individuums disponirt
der Staat nicht aus Achtung eben vor
20 der subjectiven Freiheit.⟨

RPh 307 (= RPh-Ilt 765 = RPh-Hm 259-260)

⟩Der gesetzgebenden Gewalt kommt ⟩Ho 792.26-793.2, Wa 173.22, 29-
überhaupt die Bestimmung der allge- 32 Hom 275.10f.⟨
meinen Angelegenheiten zu, nicht
der bloß abstracten eigentlichen Ge-
25 setze (also auch Bestimmung über
die Geldleistung, die man eigentlich
nicht Gesetze nennen kann)[.]⟨

RPh 308 (= RPh-Ilt 766 = RPh-Hm 260)

Im Hegeltext neben "u.s.f. zu leisten ... Willen vermittelt sey" am Rand Bleistiftanstreichung.

§ 301
RPh 308 (= RPh-Ilt 767 = RPh-Hm 261)

Im Hegeltext unterstrichen und mit Einfügungshäkchen versehen: "sondern <u>für sich</u> ⌈".

⌈⟩Das ist: mit dem bestimmbaren   ⟩Ho 795.15-16⟨
2 Bewußtseyn der Vielen.⟨

Weiterhin im Hegeltext unterstrichen: "das <u>öffentliche Bewußtseyn</u> als <u>empirische Allgemeinheit der Ansichten und Gedanken</u>".

RPh 309 (= RPh-Ilt 767 = RPh-Hm 261)

⟩Das Volk, die Vielen wissen nicht,   ⟩Ho 795.28-796.2⟨
was sie wollen. Die wahrhafte Ein-
5 sicht hat vornehmlich im Mittelstand
ihren Sitz.⟨

§ 311
RPh 320 (= RPh-Ilt 779 = RPh-Hm 320-321)

Im Hegeltext unterstrichen: "als <u>Repräsentanten</u> betrachtet ... sondern <u>das Interesse selbst ist in seinem Repräsentanten wirklich gegenwärtig</u>".

§ 312
RPh 321 (= RPh-Ilt 780 = RPh-Hm 271)

Im Hegeltext unterstrichen und mit Einfügungshäkchen versehen: "in <u>zwey Kammern</u> ⌈".

7 ⌈⟩Dieser Unterschied ist in der Na-   ⟩Ho 817.22-23, Hen 268.30⟨

tur der Sache,⟩ und es wäre eine Un-
wahrheit, wenn man ihn nicht in der
3 Wirklichkeit gelten lassen wollte.

§ 313
RPh 321 (= RPh-Ilt 780-781 = RPh-Hm 271)

Im Hegeltext unterstrichen: "Mehrheit von Instanzen".

  (wie bei Gerichten) ⟨das Verhältniß ⟨Ho 817.33-34, Hen 269.18-20, Wa
5 muß vermittelnd, nicht als 2 Extreme 180.15-17⟩
seyn.⟩

§ 314-315
RPh 322 (= RPh-Ilt 781 = RPh-Hm 272)

Im Hegeltext unterstrichen und mit Einfügungshäkchen versehen: "durch
die Oeffentlichkeit der Ständeverhandlungen ⌈".

  ⟨Dadurch überzeugt sich der Bürger ⟨Ho 818.10-18, Hen 271.1-8, Gr
anschaulich, daß seine Interessen be- 722.7-9, 23-24, Wa 184.24-30⟩
sprochen werden, und zudem ist eine
10 solche Ständeversammlung das größte Bildungsmittel zur Kenntniß der
Gesichtspuncte[,] die im Staate die
wichtigsten sind[.]⟩

15 ⟨Ein Nachtheil der Öffentlichkeit ist, ⟨Ho 818.35-819.6, Hen 722.31-
daß das politische Interesse bei dem 723.1⟩
Bürger dadurch so herrschend wird,
daß die stilleren Interessen dadurch
ganz absorbirt werden.⟩
20
  ⟨So wird die Politik oft störend für ⟨Ho 819.9-12⟩
den Fortschritt ideeller Gegenstän-
de.⟩

§ 319
RPh 325 (= RPh-Ilt 785 = RPh-Hm 274-275)

Im Hegeltext unterstrichen: "ein Mittel, die Presse ... Preßfreyheit".

⟩Preßgesetze müssen vorhanden seyn, damit es ebensowenig erlaubt sei[,] die Person des Regenten oder die Gesetze des Staates zu schmä- 5 hen, als den einzelnen Privatmann.-⟨	⟩Ho 822.30-31, 823.12-19, Hen 273.31-33, Gr 728.21-25⟨
⟩Wie weit die Beschränkungen gehen sollen, ist schwer zu sagen, da die Rede so vielgestaltig ist, und sich durch listige, hypothetische Wendun- 10 gen vieles indirect sagen läßt[.]⟨	⟩Ho 823.24-32, Hen 274.29-275.2, Gr 729.11-12, 19-22, Wa 186.5-8⟨

RPh 326 (= RPh-Ilt 786 = RPh-Hm 275-276)

Im Hegeltext bei "Diese Unbestimmbarkeit ... subjectiven Entscheidung" am Rand Bleistiftanstreichung.

⟩Alle bestimmten Gesetze können eludirt werden, und doch [kann] gesagt werden, was man hat sagen wollen. Es ist ein Proteus, den man 15 fassen will.-⟨	⟩Ho 824.13-18, Gr 729.22-23⟨
⟩Es muß daher hier dem subjectiven Urtheil die Hauptsache überlassen werden,⟨ da¹ sich keine allgemein anwendbare[n] objective[n] Gesetze geben lassen.	⟩Ho 824.23-26, Gr 729.23-24⟨

§ 320
RPh 329 (= RPh-Ilt 789 = RPh-Hm 278)

Im Hegeltext unterstrichen: "Gegentheile, der Subjectivität".

---
¹ Heyse: der

⟩Die Subjectivität ist ein Concretes, das sich über den ganzen Staat erstreckt, und dies ist darin die Idealität des Staates.⟨ ⟩Ho 826.14-17, Hen 275.7-11⟨

§ 321
RPh 330 (= RPh-Ilt 790 = RPh-Hm 278)

5 ⟩Die existirende Subjectivität oder Individualität des Ganzen kann nur als ausschließend gedacht werden.⟨ ⟩Ho 827.30-34, Hen 275.33, Gr 731.29⟨

§ 322
RPh 330 (= RPh-Ilt 790-791 = RPh-Hm 278-279)

⟩Die Unabhängigkeit des Staates ist die höchste Ehre des Volkes.⟨ ⟩Sie⟨ 10 ist das Abstracteste, und alles andere innerhalb des Staates verschwindet vor diesem ⟩absolute[n]⟨[1] Endzweck, dem es dienen und im Nothfall aufgeopfert werden muß.⟨ ⟩Ho 828.29-31, Hen 276.3-4, Gr 732.8-9, Wa 191.36⟨ ⟩Ho 828.31-33, Hen 276.6-8, Wa 191.41f., 192.33f., Hom 277.11f., 21-24

§ 324
RPh 331 (= RPh-Ilt 791-792 = RPh-Hm 279)

15 ⟩Um diese Unabhängigkeit sammelt sich das Volk, sie zu vertheidigen.⟨ ⟩Ho 829.6-11 Hen 276.11-12⟨

RPh 332 (= RPh-Ilt 792 = RPh-Hm 280)

Im Hegeltext bei "Es gibt eine sehr schiefe ... im Gegenteil" am Rand Bleistiftanstreichung.

---

[1] Heyse: absolutem

Im Hegeltext bei "Was von der Natur ... Nothwendigkeit, erkennt" am Rand roter Strich von anderer Hand.

RPh 333 (= RPh-Ilt 793-794 = RPh-Hm 280-281)

⟩Im Kriegszustand ist alles ideell und als endlich gesetzt.⟨ ⟩Die Staaten schwanken immer zwischen den beiden Zuständen Krieg und Frieden.⟨
5 Beide sind ein Einseitiges. ⟩Der Frieden läßt den Menschen leicht das Bestehende für etwas absolut Ewiges etc. nehmen.⟨ Die Unsicherheit der zeitlichen Dinge kommt im Krieg zur
10 Existenz. ⟩Im langen Frieden versumpfen die Menschen[,] und ohne Krieg nach außen führt der Trieb der Thätigkeit leicht zu inneren Unruhen.⟨

⟩Ho 829.15-19, Hen 276.27-28, Gr 733.26-30⟨ ⟩Ho 829.19-22⟨

⟩Ho 829.28-31, Hen 276.28-29, Gr 733.31⟨

⟩Ho 829.33-830.6, Gr 733.32, 735.13-15⟨

§ 325
RPh 334 (= RPh-Ilt 794 = RPh-Hm 281)

Im Hegeltext unterstrichen: "einem besondern Verhältniß".

§ 330
RPh 337 (= RPh-Ilt 798 = RPh-Hm 284)

Im Hegeltext unterstrichen: "Form des Sollens".

15 ⟩Das äußere Staatsrecht hat das Princip, daß es immer nur Principien haben soll.⟨ ⟩Das Recht des einzelnen Staates ist diesem sein höchster Zweck.⟨

⟩Ho 833.10-13, Hen 278.29, Gr 740.13-14, Wa 193.28f., Hom 278.11-13, 19f.⟨ ⟩Gr 740.11-12, Hom 278.20⟨

⟩Privatpersonen haben ein Gericht über sich.⟨ ⟩Staaten sind an und für sich selbständig.⟨ ⟩Es entscheidet keine Gewalt zwischen ihnen, welche
5 von verschiedenen Ansichten die richtige sei,⟨ und keine exsequirende Macht. Zwischen Staaten ist daher nichts wahrhaft fest.

⟩Ho 833.1-3⟨
⟩Hen 278.24-25⟨
⟩Ho 833.13-15, Hen 279.1, Hom 278.21⟨

§ 333
RPh 339 (= RPh-Ilt 800 = RPh-Hm 285-286)

⟩Die heilige Alliance, die das
10 Gleichgewicht der Staaten zum Princip macht[,]⟨ ⟩führt die Kantische Idee aus.-⟨ ⟩Aber ein solcher Bund ist nichts <St> wesentlich festes, denn jeder Staat ist souverän, und hat
15 das Recht, sich von solchem Bund wieder zu trennen.-⟨ ⟩Es liegt ein Widerspruch in dem Begriff eines solchen Bundes und dessen richterlicher Gewalt, wenn die Staaten zu-
20 gleich selbständig seyn sollen.⟨

⟩Ho 835.3-8, Hen 279.2-3⟨

⟩Hen 279.1-2, Wa 194.32⟨
⟩Ho 835.14-20, Hen 279.3-5, Gr 741.20-22, Wa 194.36-38⟨

⟩Ho 835.23-29⟨

§ 338
RPh 342 (= RPh-Ilt 803 = RPh-Hm 287-288)

⟩Einen Vertilgungskrieg kann nur
22 der Fanatismus führen.⟨

⟩Ho 836.32-33, Wa 195.22-24⟨

§ 340
RPh 343 (= RPh-Ilt 804 = RPh-Hm 288)

⟩Der Staat ist der Begriff des Willens
24 explicirt, so daß alle Momente für

⟩Hom 840.30-841.2⟨

1 sich sind, und Totalitäten für sich[.]⟩

§ 341
RPh 344 (= RPh-Ilt 805 = RPh-Hm 288-289)

⟨Das Recht des absoluten Geistes in der Welt kommt in der Weltgeschichte zu seinem Daseyn.⟩ ⟨Die
5 concreteste Freiheit, die des allgemeinen Geistes[,] führt sich in der Weltgeschichte aus.⟩

⟨Ho 839.5-8, Hen 280.11-12, Gr 745.2, Wa 196.7-9, 20-22, Hom 279.9-11, 19⟩ ⟨Ho 839.22-24, 31-33, Hen 280.13-16, Gr 745.7, 746.19-20, Hom 279.17⟩

85

Abb. 1: Besitzereinträge Heyses und Bülows auf Vorsatzblatt von Hegels „Grundlinien der Philosophie des Rechts" von 1821

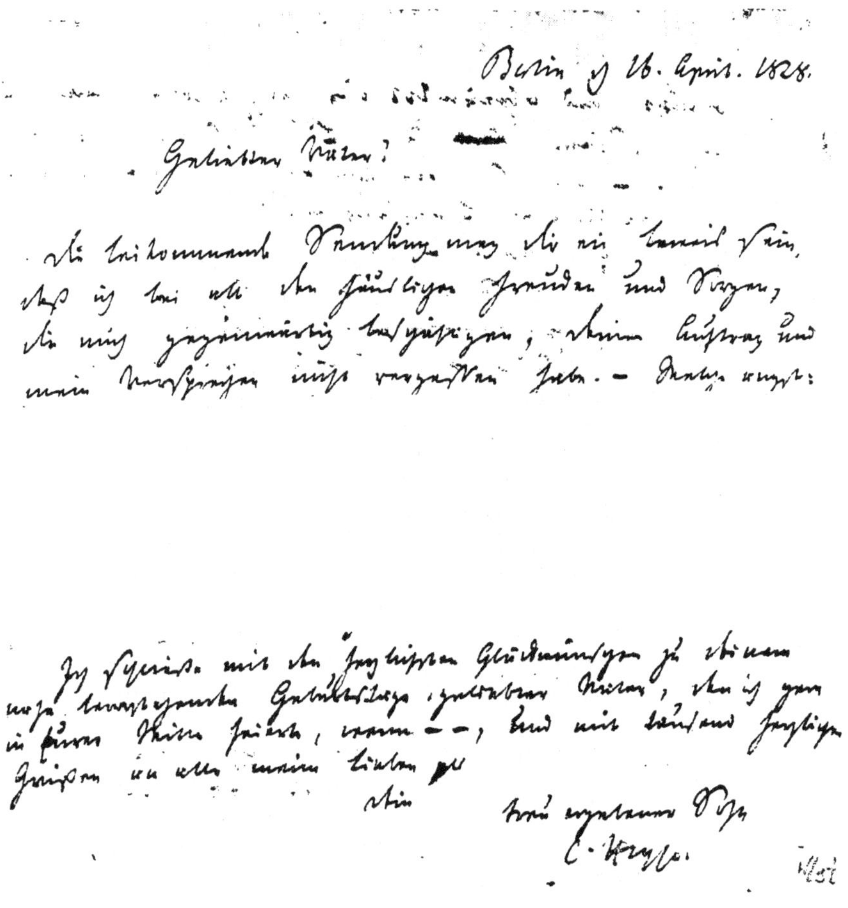

Berlin d 16. April 1828.

Geliebter Vater!

Dein treu ergebener Sohn

C. Heyse.

Abb. 2: Beginn und Schluß des Briefes von Heyse vom 16.4.1828 an seinen Vater

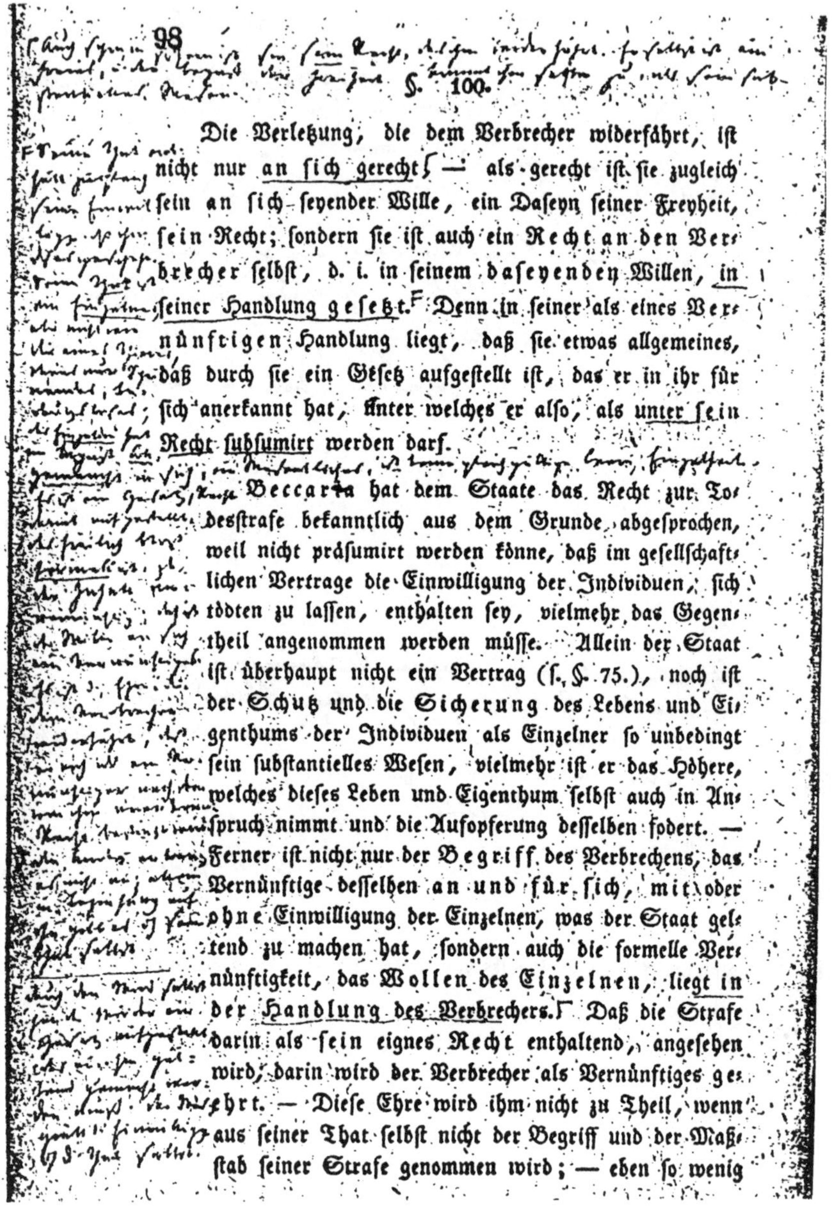

§. 100.

Die Verletzung, die dem Verbrecher widerfährt, ist nicht nur an sich gerecht; — als gerecht ist sie zugleich sein an sich seyender Wille, ein Daseyn seiner Freyheit, sein Recht; sondern sie ist auch ein Recht an den Verbrecher selbst, d. i. in seinem daseyenden Willen, in seiner Handlung gesetzt. Denn in seiner als eines Vernünftigen Handlung liegt, daß sie etwas allgemeines, daß durch sie ein Gesetz aufgestellt ist, das er in ihr für sich anerkannt hat, ünter welches er also, als unter sein Recht subsumirt werden darf.

Beccaria hat dem Staate das Recht zur Todesstrafe bekanntlich aus dem Grunde abgesprochen, weil nicht präsumirt werden könne, daß im gesellschaftlichen Vertrage die Einwilligung der Individuen, sich tödten zu lassen, enthalten sey, vielmehr das Gegentheil angenommen werden müsse. Allein der Staat ist überhaupt nicht ein Vertrag (s. §. 75.), noch ist der Schutz und die Sicherung des Lebens und Eigenthums der Individuen als Einzelner so unbedingt sein substantielles Wesen, vielmehr ist er das Höhere, welches dieses Leben und Eigenthum selbst auch in Anspruch nimmt und die Aufopferung desselben fodert. — Ferner ist nicht nur der Begriff des Verbrechens, das Vernünftige desselben an und für sich, mit oder ohne Einwilligung der Einzelnen, was der Staat geltend zu machen hat, sondern auch die formelle Vernünftigkeit, das Wollen des Einzelnen, liegt in der Handlung des Verbrechers. Daß die Strafe darin als sein eignes Recht enthaltend, angesehen wird, darin wird der Verbrecher als Vernünftiges geehrt. — Diese Ehre wird ihm nicht zu Theil, wenn aus seiner That selbst nicht der Begriff und der Maßstab seiner Strafe genommen wird; — eben so wenig

Abb. 3: Randnotizen Heyses in Hegels „Grundlinien der Philosophie des Rechts" von 1821, S. 98

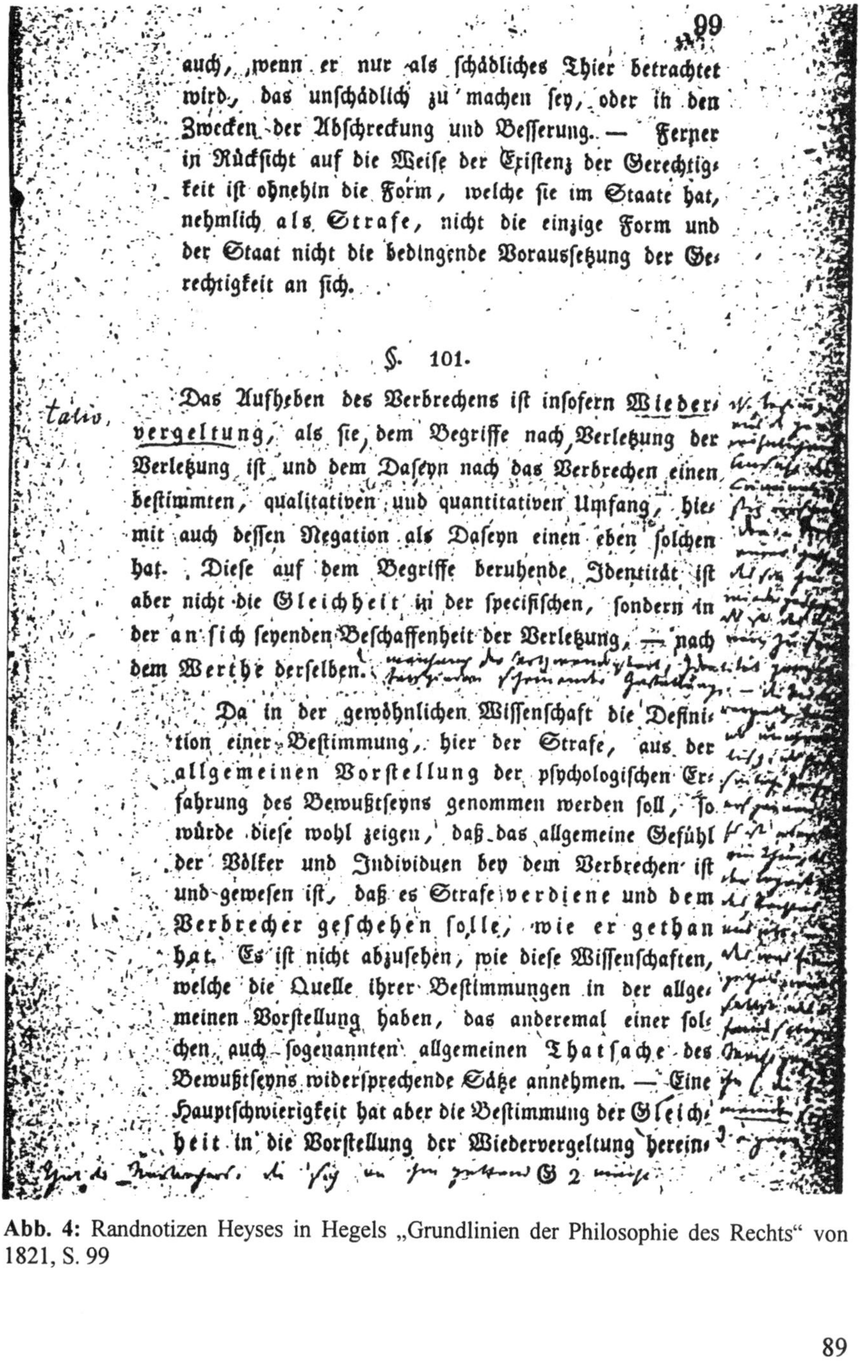

auch, wenn er nur als schädliches Thier betrachtet wird, das unschädlich zu machen sey, oder in den Zwecken der Abschreckung und Besserung. — Ferner in Rücksicht auf die Weise der Existenz der Gerechtigkeit ist ohnehin die Form, welche sie im Staate hat, nehmlich als Strafe, nicht die einzige Form und der Staat nicht die bedingende Voraussetzung der Gerechtigkeit an sich.

§. 101.

Das Aufheben des Verbrechens ist insofern Wiedervergeltung, als sie, dem Begriffe nach, Verletzung der Verletzung ist, und dem Daseyn nach das Verbrechen einen bestimmten, qualitativen und quantitativen Umfang, hiemit auch dessen Negation als Daseyn einen eben solchen hat. Diese auf dem Begriffe beruhende Identität ist aber nicht die Gleichheit in der specifischen, sondern in der an sich seyenden Beschaffenheit der Verletzung, — nach dem Werthe derselben.

Da in der gewöhnlichen Wissenschaft die Definition einer Bestimmung, hier der Strafe, aus der allgemeinen Vorstellung der psychologischen Erfahrung des Bewußtseyns genommen werden soll, so würde diese wohl zeigen, daß das allgemeine Gefühl der Völker und Individuen bey dem Verbrechen ist und gewesen ist, daß es Strafe verdiene und dem Verbrecher geschehen solle, wie er gethan hat. Es ist nicht abzusehen, wie diese Wissenschaften, welche die Quelle ihrer Bestimmungen in der allgemeinen Vorstellung haben, das anderemal einer solchen, auch sogenannten allgemeinen Thatsache des Bewußtseyns widersprechende Sätze annehmen. — Eine Hauptschwierigkeit hat aber die Bestimmung der Gleichheit in die Vorstellung der Wiedervergeltung herein-

Abb. 4: Randnotizen Heyses in Hegels „Grundlinien der Philosophie des Rechts" von 1821, S. 99

HEGELIANA

Studien und Quellen zu Hegel und zum Hegelianismus

Herausgegeben von Helmut Schneider

Band 1 Norbert Waszek: Eduard Gans (1797-1839). Hegelianer – Jude – Europäer. Texte und Dokumente. 1991.

Band 2 John Walker: History, Spirit and Experience. Hegels conception of the historical task of philosophy in his age. 1995.

Band 3 G.W.F. Hegel: Vorlesung über Ästhetik. Berlin 1820/21. Eine Nachschrift. I. Textband. Herausgegeben von Helmut Schneider. 1995.

Band 4 Marco de Angelis: Die Rolle des Einflusses von J.J. Rousseau auf die Herausbildung von Hegels Jugendideal. Ein Versuch, die "dunklen Jahre" (1789-1792) der Jugendentwicklung Hegels zu erhellen. 1995.

Band 5 Justus Hartnack: Hegels Logik. Eine Einführung. 1995.

Band 6 Joji Yorikawa: Hegels Weg zum System. Die Entwicklung der Philosophie Hegels 1797-1803. 1996.

Band 7 Renate Wahsner: Zur Kritik der Hegelschen Naturphilosophie. Über ihren Sinn im Lichte der heutigen Naturerkenntnis. 1996.

Band 8 Helmut Schneider / Norbert Waszek (Hrsg.): Hegel in der Schweiz (1793-1796). 1997.

Band 9 Helmut Schneider: Geist und Geschichte. Studien zur Philosophie Hegels. 1998.

Band 10 Kunio Kozu: Bewußtsein und Wissenschaft. Zu Hegels Nürnberger Systemkonzeption. 1999.

Band 11 G. W. F. Hegel: Philosophie des Rechts. Nachschrift der Vorlesung von 1822/23 von Karl Wilhelm Ludwig Heyse. Herausgegeben und eingeleitet von Erich Schilbach. 1999.